聯合國與裁軍

United Nations And Disarmament

美根慶樹 —— 著

李啟彰 —— 譯

「台灣安保叢書」總序

　　亞太區域如何維持和平面臨嚴重的挑戰，中國近年來在南海
的軍事擴張已造成美中衝突的可能危機，美國則希望中國不能片
面改變南海現狀才有和平，雙方對峙是上一世紀九十年代冷戰結
束以來，超強國家面臨直接衝突的危機。如何維持台海和平並不
是台灣與中國「一對一的關係」，進一步來探討時，就不難認識
到台海和平是亞太區域安全非常重要的一個環節。台灣絕非是一
個被孤立的國家，最近中國與美國在亞太區域逐步提升對峙，兩
岸如何維持台海和平，台灣如何積極與中國對話，使台灣在亞太
區域的戰略地位更為重要。

　　中國解放軍海軍從西元2000年以前僅具在中國海域活動的能
力，到2004年11月中國核潛艇首度在日本領海潛航；2008年10月
解放軍海軍首次穿越第一島鏈，此後逐年穿越日本輕津海峽、宮
古海峽、沖之鳥島海域、大隅海峽、宗谷海峽等。足見解放軍海
軍在東海、太平洋間出入路線的多樣化與越來越強的大洋巡航能
力。在東海與西太平洋如此，在南海爭議海域情況也相同。解放
軍趁著2013年與菲律賓在黃岩島之爭佔上風後，在南海爭議海域
的動作也越來越大。2014年五月間中國不僅開始在南海具有爭議
包括赤瓜礁在內的數個島礁填海造陸，以擴大實質控制權，並大
動作在西沙群島實施海洋石油鑽探作業，還經常運用漁船進行群
體干擾戰術。

　　美國於2012年6月由美國國防部長潘尼塔（Leon Panetta）宣

稱美國在亞洲的軍事力量提升，提出「再平衡政策（Rebalancing Policy）」，開始擴充在亞洲的軍事力量。在2020年之前，美國海軍船艦由目前50％的海外軍事力量增加到60％部署在亞洲，包括六個航母戰鬥群，多數的巡防艦、濱岸戰鬥艦以及潛艦，並增加東海、南海以及印度洋的亞洲軍演次數，表達美國在亞洲提升海軍佈署是基於「Rebalance」（軍事力量的再平衡）。換言之，從日本到東南亞以及印度洋，美國決心提升同盟國的參與並保證美國提升海軍力量維護包括印度洋的亞太區域安全。

2015年8月20日，美國國防部公佈「亞太海事安全策略（Asia-Pacific Maritime Security Strategy）」，提出透過四個面向來維持亞太區域的安全。亦即，（1）強化美軍的軍事能力，以便成功嚇阻衝突與威脅；（2）與東北亞到印度洋的盟邦及夥伴合作，強化其能力；（3）利用軍事外交來建立更透明化的遊戲規則；（4）強化區域安全組織，並鼓勵發展更公開且有效的區域安全架構。這份報告表示，美國加強軍事佈置不僅止於南海，而是涵蓋從東北亞、東海，包括台灣海峽、東南亞以至印度洋的亞太區域安全。這明顯是要全面性提升防範中國企圖改變現狀的抑制力量，希望盟邦也不惜一切努力共同維護亞太區域的和平與秩序。

然而，由於受到憲法和法律的嚴格限制，日本自衛隊並不是如正常國家的軍隊是按照軍法而行動，而是必須遵守類似警察法的自衛隊法。為突破此一障礙，安倍晉三首相於2014年7月1日以內閣決議容許集體自衛權的部分行使，這是日本第一次決定要部分行使這項權利（雖然還是只限於非常有限的範圍）。在二次大戰結束後的日本憲法第九條規定日本永久放棄以武力解決國際紛爭的手段，也就是雖然有日美同盟，即使美軍受到攻擊，日本

也不能參戰。這一次的安倍內閣通過「集體自衛權」的閣議，表示只要在這些海域威脅到日本的國家利益，日本便可以跟美軍並肩作戰，共同行使集體防衛，這是日本戰後六十餘年以來，踏出「讓日本早日成為正常國家」的第一步。

日本首相安倍2015年4月底訪問美國，此行目的之一是美日安保防衛指針再修正。此行基本上對美國的亞太再平衡戰略做出新的定義，改變美日同盟的互動關係，同時大大提升日本的全球角色，並有著取代英國成為美國最重要全球戰略盟友的意味。2015年防衛合作新指針有兩點相當突出，首先，它明確提到美國會提供包括核武力量在內的嚇阻能力以協助日本（The United States will continue to extend deterrence to Japan through the full range of capabilities, including U.S. nuclear forces）。其次，2015指針強調美日同盟的防衛合作是從和平到戰爭的連續狀態（from peace time to contingency），加入在1997年不存在的「灰色地帶（Gray Zone）」對應處置，以及以全政府途徑（Whole of Government Approach）處理。

為落實此項政策，安倍政府必須進行安保法制的修改。換言之，填補這樣的安全保障漏洞與不合理狀況，是此次和平安全立法的意義。解禁集體自衛權後，美國與日本安保於2015年4月將「防衛合作新指針」再強化，安倍晉三首相進一步修改、整合10個舊安保法制，為「國際和平支援法」與「和平安全法制整備法」的新安保法體制。重要的是，日本自衛隊與美軍間的合作關係將更加順暢，如此將使得同盟關係愈加堅固，而更有效的日美合作模式，愈能為亞太和平穩定做出貢獻。

台灣安保協會是以促進台灣、美國、日本民間之安全保障對話，增進三國學術交流暨亞太和平為宗旨，希望促進台灣、美

國、日本民間之安保對話與學術交流；進行亞太和平與國際安全
保障體系之政策研究。為此，本協會計畫出版一系列與台灣國家
安全與外交政策相關之「台灣安保叢書」，台灣的安全保障是每
一位台灣人應該共同關心的問題，期待「台灣安保叢書」系列的
出版能夠收到兼具知識與教育的效果，能夠讓更多台灣人獲取正
確且全盤的台灣安全保障理論。

台灣安保協會名譽理事長　羅福全

略語表

ABM	Anti-Ballistic Missile (Treaty) 反彈道飛彈條約
ASEAN	Association of South-East Asian Nations 東南亞國家協會
APEC	Asia-Pacific Economic Cooperation 亞太經濟合作會議
ATT	Arms Trade Treaty 武器貿易條約
AXO	abandoned explosive ordnance 未使用彈
BWC	Biological Weapons Convention 生化武器條約
CCW	Convention on Prohibitions or Restrictions on the Use of Certain Conventional Weapons Which May be Deemedto be Excessively Injurious or to have Indiscriminate Effects 禁止或限制使用某些可被認為具有過份傷害力或濫傷作用的常規武器公約及其議定書
CD	Conference on Disarmament 裁軍會議
CMC	Cluster Munition Coalition 集束彈聯盟

CTBT	Comprehensive Nuclear Teat Ban Treaty
	全面禁止核子試爆條約
CWC	Chemical Weapons Convention
	禁止化學武器條約
DDR	disarmament, demobilization and reintegration
	解除武裝、復員、重返社會
EC	European Commission
	歐盟執委會
ECOWAS	Economic Community of West African States
	西非國家經濟共同體
ENCD	Eighteen Nation Committee on Disarmament
	18國裁軍委員會
ERW	Explosive Remnants of War
	戰爭遺留之未爆彈
EU	Europen Union
	歐洲聯盟
FMCT	Fissile Material Cutoff Treaty
	核分裂物減量條約
IAEA	International Atomic Energy Agency
	國際核能總署
IANSA	International Action Network on Small Arms
	小型武器國際行動網
ICBL	International Campaign to Ban Landmines
	國際反地雷組織

ICRC	International Committee of the Red Cross
	紅十字國際委員會
IT	International Technology
	資訊技術
JCBL	Japan Campaign to Ban Landmines
	日本地雷禁止運動
KEDO	Korean Peninsula Energy Development Organization (KEDO)
	朝鮮半島能源開發機構
MI	Medico International
	國際醫療組織
MOTAPM	mines other than anti-personnel mines
	人員殺傷地雷以外的地雷（對車輛地雷）
NAC	New Agenda Coalition
	新議程聯盟
NATO	North Atlantic Treaty Organization
	北大西洋公約組織
NGO	Non-Governmental Organization
	非政府組織
NPT	Treaty on the Non-Proliferation of Nuclear weapons
	核武不擴散條約
NRA	National Rifle Association
	美國步槍協會
OAS	Organization of American States
	美洲國家組織

OSCE　　　　　Organization for Security and Cooperation in Europe
　　　　　　　歐洲安全與合作組織

PAROS　　　　Prohibition of Arms Race in Outer Space
　　　　　　　禁止外太空軍備競賽條約

PKO　　　　　peace keeping operation
　　　　　　　聯合國維和部隊

P5　　　　　　聯合國安理會常任理事國

SADC　　　　South African Development Community
　　　　　　　南部非洲發展共同體

SALW　　　　small and light weapons
　　　　　　　小型武器

SIPRI　　　　Stockholm International Peace Research Institute
　　　　　　　斯德哥爾摩國際和平研究所

START　　　　Strategic Arms Reduction Treaty
　　　　　　　削減戰略武器條約

TNCD　　　　Ten Nation Committee on Disarmament
　　　　　　　10國裁軍委員會

UNAMID　　　United Nations/African Union Hybird Operation in Darfur
　　　　　　　非洲聯盟　聯合國達爾富混合行動

UNDC　　　　United Nations Disarmament Commission
　　　　　　　聯合國裁軍委員會

UNITA　　　　The National Union for the Total Independence of Angola
　　　　　　　安哥拉全面獨立民族同盟

UXO　　　　　unexploded ordnance
　　　　　　　未爆彈

VVAF	Vietnam Veterans of America Foundation
	美國越戰退伍軍人基金會
WA	Wassenaar Arrangement
	瓦聖納協定
WHO	World Health Organization
	世界衛生組織
WMD	weapons of mass destruction
	大規模毀滅性武器

前言

　　自2004年起將近三年的時間，我擔任裁軍代表部大使，與各國代表進行協商與交涉。相較於其他各國，日本大使的任期通常較短，北歐某國大使即曾對我說過：我曾與五位日本大使共事過。這雖然是個極端的例子，但也說明許多國家大使的任期比日本來得更長。

　　長期任職於一地，不但經驗變得豐富，對於過去種種也能更加瞭解。這點在裁軍方面更顯得重要，特別是核武相關問題。若不瞭解核武問題源於第二次世界大戰結束之時，便難以與對手周旋。1946年時，聯合國開始注意到核武的危險性，並討論因應方案，而此時安理會常任理事國也正討論否決權的相關問題。

　　不僅是國際間的裁軍交涉，甚至在核武問題方面，日本國內亦對其過去的歷程或變遷等毫無新的認知。最近沖繩回歸日本的問題再度成為討論焦點，因此搭載核武或者可能搭載核武的美國船艦進入日本領海時，日本政府如何因應也成為話題。該問題的司法審理也正在進行中。然而，這個問題卻是源於40餘年前。

　　裁軍有如叢林，探索過去的歷史經緯，有如穿越生長繁茂的巨林，常遍尋不著道路，而且步履蹣跚。來自外務大臣的訓令中，雖然也會對過去的始末做出說明，但能將叢林的複雜性做完整說明者卻不多見。這並不難理解，因為起草大臣訓令的外務省官員，往往任職兩2、3年後便轉往其他部門，而這幾乎與任職海外者無太大差別，最多是外務省內部檔案會較為完整而已。

　　歐巴馬總統對於裁軍的態度頗為積極，個人也寄予極大的期待。布希前政府時代被稱為裁軍的寒冬時期，當時我正擔任裁軍大使，常常因此感到挫折，但現在情況應該頗為不同。聽過歐巴馬總統的演講之後，大致可以歸納出兩個重點，一是表明自己的積極態度；一是沿襲過去美國政府所採取的立場。即使是歐巴馬總統也是如此，由於不可能完全瞭解裁軍的複雜過去，因此很自然地需要依賴白宮、國務院、五角大廈等相關人員所提供的講稿。因此，儘管是篇表現出積極態度的演講，但也要能看出其中其實混雜著不同性質的元素。為此，除了磨練自己的洞察力外，也需要學習瞭解過去的始末。

　　裁軍問題是如此，而聯合國的情況也不遑多讓，同樣是個殘酷的叢林。聯合國目前有192個會員國，這麼多國家聚集一起，意見出現差異可說極為正常。個別會員國自然是少數，即使西方陣營，在數量上也是少數，因此任何主張要獲得通過並不容易。聯合國的龐大經費是以各國分擔的方式來籌措，最近日本所分配的經費比例雖然降低，但仍然是僅次於美國，而居世界第二位，約分擔聯合國經費的13%，而這相當於英國與法國分擔費用的總和。對於付出巨額費用，但所獲得的回報卻不相稱一事，日本國內不滿的聲浪相當強大，但若脫離聯合國，損失之大更加難以估計，因而此路並不可行。

　　談到聯合國的問題，可說不勝枚舉，即便僅是裁軍，問題也不少。在第二次世界大戰將結束前，核武問題與聯合國便有如雙胞胎般前後誕生，只是他們為異卵雙生，而非同卵雙胞胎。美國知道這兩個問題即將形成，而聯合國或許也曾為處理核武問題下過功夫，但因為原子彈的開發乃是祕密進行，因此當初構思組織

聯合國時並未將核武問題納入考量，這也是無可奈何的事。

　　為了避免再度發生類似第二次世界大戰的慘事，因而成立聯合國這一國際組織，但在核武問題上，稍一不慎，則可能讓聯合國喪失存在意義。安理會負責維護國際和平與安全，其功能應該要充分發揮，但否決權的存在卻對其造成阻礙。儘管在聯合國剛成立時已清楚認知此一問題，各國也苦思良策，但迄今卻仍無任何進展。

　　任何事物能依原定計畫推動者畢竟是少數。聯合國也不例外。聯合國軍隊為《聯合國憲章》所設定的行使武力之最後手段，但一次也未曾實現過。而《聯合國憲章》沒有明文規定的所謂維和部隊（peace keeping operation, PKO）卻異常活躍，各地紛紛要求進駐。維和部隊一旦盡數解散，世界應該會陷入極度的混亂。但因為維和活動過度頻繁，預算暴增為原來的兩倍，結果對各國形成沉重的負擔。此事也顯示，成立真正有需要的國際組織，並令其充分發揮功能，是一件多麼困難的事。

　　要在聯合國推動裁軍，就像行走在錯綜複雜的叢林間。為此，同時也為了不落後於各國代表，我收集資料，努力學習，本書即是其精粹晶華。對我而言，這也是一本筆記，記載聯合國的相關問題。儘管許多問題在過去的研究中已經獲得澄清，但從裁軍觀點加以探討卻也是不可或缺的，如此一來，從其他相關領域無法看出的問題也將因而浮現。希望透過拙著的出版，能對聯合國或裁軍相關人士，或是對此議題有興趣的人有所助益。

美根慶樹

中譯版序

　　在1969至1970年間，我曾奉命在香港學習中文。回到日本外務省後，接著又派我到台灣。

　　當時我在台北的身分是日本駐中華民國大使館書記，但是不必到中山北路的辦公室上班，而只要在台北市內的語言學校學習中文。

　　當時我在台灣看到的事情都覺得很新鮮、很有趣，如摩托車是台灣的主要交通工具之一，每天街上都有許多摩托車跑來跑去，也常看到女性側坐在後位。雖然時代不同，但這個場景使我想起以前在日本新娘出嫁也是側坐在馬背上。無論是摩托車上或馬背上均有其雅趣。

　　當時，圍繞中華民國的國際情勢正發生歷史性的變化，在聯合國支持中華人民共和國政府代表「中國」的國家愈來愈多，1970年的聯合國大會中，支持阿爾巴尼亞提案的國家數目首次超越支持中華民國政府的國家。翌年，聯合國大會決議中華民國在聯合國的席位由中華人民共和國政府取代。我就在這歷史性變化即將發生的時刻來到台灣，但是台北街頭的狀況似乎沒受到多大影響，一般台灣人還是過著原本的生活。

　　我在台灣只停留了一年，就再奉派前往美國。1972年夏天回到日本。當時日本政府快要和中華人民共和國政府建交。由於我剛結束海外的中文學習，因此外務省很自然地派我參加田中首相所率領的中國訪問團。從此展開我和中國大陸的關係。

幾年後我再奉派到香港總領事館工作。兩年後的1979年，當我正準備調往日內瓦時，外務省又命我前往台灣。在日本和中華人民共和國政府建交以後，台灣和日本之間只有實務性的關係，當時日本交流協會在台北事務所沒有政治組的人員，而日本外務省需要了解美台斷交後的台灣政治和美國在台灣協會（AIT）的現況，因此外務省決定派我到台灣從事這項工作。

當時台灣還在戒嚴時代，自國民政府遷移到台灣以來，台灣的政治基本上沒有變化，但是我覺得新的政治力量正在發展中。我接觸很多人，主要是政府官員和國民黨員，但也認識一些在野活動的黨外人士。

國民黨政府對中國有明確的想法和政策。他們告訴我說，中國太大，如果台灣一開始和中國往來，很容易被中國吞併，因此台灣需要維持「不接觸、不談判、不妥協」的三不政策。我覺得這是個富有戰略性的思考。雖然當時台灣已經出現新的政治勢力，但整體的狀況還算是相當穩定。這次我在台灣逗留約四個半月，學到不少東西，雖然我還想繼續待在台灣，但是我得聽從外務省的命令，在八月底派駐到日內瓦。在離開台灣四個多月之後，我聽到台灣發生美麗島事件。

1994至1996年間，我在日本內閣外政審議室，1995年恰好是戰爭結束50週年，外政審議室的主要任務就是為總理大臣準備記念談話和紀念事業。藉此，我獲得再次訪問台灣的機會。跟上次訪問台北時隔十幾年，台灣的狀況完全不同，我所看到的事情處在令我感到驚訝。如書店裏以前絕對沒有中國的書籍，可是到1994年時，無論談毛澤東或鄧小平的甚麼書都有，也有批評李登輝或他週遭人們的書。我上一次在台灣時的非法政治團體已經成

為堂堂正正的政黨。三不政策已經逐漸被三通政策的口號替代。某次，我想探訪二十幾年前居住的新生北路的公寓，但是已經找不到。連當時名為瑠公圳的那條小河也找不到。台北市政府在上面興建快速道路，掩蓋掉我懷念的那條小河。

我以前為甚麼會在香港學習中文呢？誰也知道；香港並不是理想的學習中文的地方，外務省大多數的前輩均在台灣學習中國話，我去香港的理由就是我的某位前輩攜帶有關毛澤東思想的禁書，使得其後的後輩們好一陣子不得不暫時離開台灣。然而，我時隔二十多年第三次訪問台灣的時候，台灣政府已經開放過去曾經認為是危險的書籍，但也阻礙我寶貴的追憶。

台灣安保協會答應出版《聯合國和裁軍》的中文版，這是台灣和我之間的第四次大事。為實現這次出版，蕭嬡嬡女士做了極大的努力，如果沒有她的盡力，我的書不會在台灣出版。我在1970年初次認識她，離開台灣後一直保持連繫。台灣雖有大變化，但是台灣的人情不變。

現在台灣已經不在聯合國，而週遭的安全保障環境還是很不容易，因此從台灣的立場來看，可以容易了解當前並不方便談裁軍。但是誰也不能否認的是，將來台灣和其周圍的狀況會和現在完全不同，按照我在過去半世紀以來親眼所見的鉅大變化，未來半世紀後的台灣也會需要談到裁軍。我必須活著等到那個時候的到來。

最後，我誠懇地感謝台灣安保協會包括羅福全理事長、李明峻秘書長、王藍輝先生以及蕭嬡嬡女士和李啟彰先生。李先生在東京大學念書，日語的掌握非常好，辛苦他將拙作翻成完美的中文。

我希望台灣和台灣朋友們今後更加愉快！

美根慶樹

目次
CONTENTS

003 | 「台灣安保叢書」總序／羅福全

007 | 略語表

012 | 前言

015 | 中譯版序

021 | 第1部　裁減核武

第一章　為何不在聯合國裁減核武　022

第一節　聯合國所扮演的角色　022

第二節　廢除核武的協商　027

第三節　全面澈底裁軍交涉　033

第四節　從聯合國到《核武不擴散條約》　040

第二章　聯合國大會的政治對立　043

第三章　日內瓦裁軍會議的停滯　053

第四章　核武不擴散體制　062

第五章　聯合國應有的作為　070

081 | 第2部　傳統武器

第一章　非人道武器的規範：《特定傳統武器公約》（CCW）
082

第一節　提高透明性　082

第二節　國際人道法的強化　086

第三節　《特定傳統武器公約》的原型　091

第四節　《特定傳統武器公約》的發展　095

第二章　全面禁止人員殺傷地雷：《渥太華條約》　102

第一節　《特定傳統武器公約》強化地雷的規範　102

第二節　《渥太華條約》的成立　108

第三節　廢棄地雷的形式、實施、查察　115

第四節　《特定傳統武器公約》的現狀　121

第三章　集束彈的禁止：《奧斯陸條約》　125

第四章　小型武器　134

第一節　何謂小型武器問題　134

第二節　聯合國小型武器會議　140

第三節　聯合國小型武器行動綱領　146

第四節　行動綱領的發展　153

第五節　需求者的問題　167

第六節　供給者（生產）的問題點　177

第七節　聯合國的做法　182

追補　國際聯盟時代的裁軍　185

第一節　古典裁軍：保有船艦的限制　185

第二節　國聯與多國間裁軍　193

參考文獻　208

第 1 部

裁減核武

第一章　為何不在聯合國裁減核武

第一節　聯合國所扮演的角色

歐巴馬總統（Barack Hussein Obama）未提及聯合國

　　與前政府不同地，美國歐巴馬政府對於裁軍的態度更為積極。2009年4月2日，歐巴馬總統在倫敦與俄羅斯總統梅德韋傑夫（Dmitry Medvedev）達成協議，在《第一階段削減戰略武器條約（START Ⅰ, Strategic Arms Reduction Treaty, START）》於同年年底失效前，將再度以裁減戰略武器為目標進行交涉。此外，三天後在布拉格的演說中，歐巴馬闡述新政府對於裁軍問題的方針，受到世界各國的注目與歡迎。其後，《削減戰略武器條約（Strategic Arms Reduction Treaty, START）》完成協商，並於2010年4月8日完成簽署。

　　首先，歐巴馬總統表現出令人讚嘆、積極的決心，宣稱「作為使用核武的唯一國家，在道義上有責任採取行動」，並「明確且充滿自信地表示，美國將承諾追求沒有核武的世界和平與安全」；之後，歐巴馬總統特別強調下列幾點：（1）對於邁向沒有核武的世界，美國將採取具體措施；（2）為了終結舊冷戰思維，將減輕核子武器在國家安全戰略保障中的重要性；（3）鼓勵他國採取同樣的作法等。只是歐巴馬總統一方面表現出積極裁減核武的態度，另一方面卻也表示說，「在我有生之年，核子武器或許不會完全消失」，態度略顯慎重。

另外，歐巴馬總統也強調下列幾點的重要性，例如強化《核武不擴散條約（Treaty on the Non-Proliferation of Nuclear weapons, NPT）》，加強違反條約的查察與制裁，以及解決北韓核子試爆與伊朗發展核武等問題。最近NPT方面也出現一些問題，而歐巴馬總統將NPT的強化視為重要課題，此事值得給予高度評價。

但有關裁減核武方面，歐巴馬總統完全未提到聯合國。此外，各國政府的聲明或國內外的報導中，儘管對於歐巴馬演說表示歡迎，但就我個人的認知來看，應該沒有人注意到歐巴馬的演說不曾提及聯合國而加以評論。這一事實象徵性呈現出當前世界各國的認知，即世界各國似乎皆認為聯合國與裁減核武並無直接關係。

不知有核武的聯合國

然而，若從成立的目的來看，聯合國不應該與裁減核武無關。《聯合國憲章》第1條第1項明白記載，聯合國的目的為維持國際和平與安全，而要想達成這一目的，核武則是最大的課題。但從何時開始，又是歷經何種過程，讓聯合國不再是裁減核武的主要舞臺呢？

若重新回到原點加以審視，儘管聯合國與核子武器幾近同時誕生，但因為核武的開發乃是祕密進行，1945年6月26日為簽署《聯合國憲章》而聚集於舊金山的各國代表，據說也對此一無所知。雖然美國代表中似乎有極少數人知情，但應該也會閉口不談吧？換言之，在完全沒有意識到核子武器的情形下，標榜以維持國際和平與安全為目的的《聯合國憲章》就此被制定。

在廣島與長崎投下原子彈後，核子武器才為世人所知曉。但

到1946年1月聯合國開始運作時，在短短數月間，對於核武的恐懼已經滲透到世界各地。

現在有關核武問題，多半傾向於強調如何限制其擴散。這是因為無論在現實世界或學理上，戰後的安全保障都以限制核武擴散為中心所建構而成。但當時原子彈剛投下不久，整個國際社會的氛圍與現在迥異。當時各國的心態應是不能再引起世界性戰爭，諸如核子武器等危險物不該存在，因為稍一不慎即可能導致世界毀滅，因此應儘早將其加以除去等等。

第一屆聯合國大會召開時，各國代表異口同聲地指出核武的危險性，並一致主張今後核能僅能用於和平目的。討論的結果，各國通過具有歷史意義的聯合國大會第一號決議，其中決定設置聯合國原子能委員會，其功能為對於原子能的和平利用及廢棄原子彈等大量毀滅性武器，提供具體對策。

聯合國的裁軍構想

為了達到維持國際的和平與安全的目的，《聯合國憲章》所設想的手段即是所謂集體安全保障與裁減軍備，其中又以前者為主。

從前的國際聯盟（以下簡稱為國聯）則恰巧相反，裁減軍備的份量占有較重的比例。國聯的集體安全保障主要建立在來自於第三國對會員國的攻擊，將其視為對全體會員國的攻擊，這有如多國間締結防衛同盟條約。但在聯合國方面，雖然並非將會員國間塑造成同盟關係，但在組織聯合國軍隊而行使強制手段這點上，聯合國比起國聯具有較強的整體性，且成為一種具有強制力的體制。只是，聯合國軍隊從未建立過。儘管至目前為止都僅止

於紙上談兵，但就其構想而言，其實已較國聯時代進步。

另一方面，在裁軍問題上，國聯的原則是：各國將軍備裁減到維持國內秩序及國際協助所需的程度，亦即履行會員國義務時所需要的程度，其具體方案則由國聯方面擬定，至於各國是否採用，原則上由各國決定。然而，當方案一旦完成，任何國家要想拒絕，事實上應該頗為困難。國聯這一裁軍方式相當大膽，被稱為「普遍裁軍」。當時雖然已開始就此構想進行討論，但在未實現之前，世界就陷入第二次大戰，因此「普遍裁軍」的討論，事實上也就此結束。

由於國聯的裁軍構想過於大膽，實質上並未發揮功能，聯合國鑑於這一歷史經驗，在裁軍方面採用較國聯時代溫和的手段。《聯合國憲章》中有如下規定：

> 「大會得考慮關於維持國際和平及安全合作之普通原則，包括裁軍及軍備規範之原則；並得向會員國、安全理事會，或兼向兩者提出對於該項原則之建議」（第11條第1項）
>
> 「安全理事會藉第47條所指之軍事參謀團的協助，應負責擬具方案，提交聯合國會員國，以建立軍備規範制度」（第26條）

坦白說，吾人無論對於哪一條文都不容易理解。大體而言，就是聯合國大會確立裁軍原則，並向會員國及安全理事會提出建議。此處所謂的「原則」，應該也可以換成「想法」，因為是針對一般性事務，這一規定尚稱合適。但聯合國安全理事會「應負

責擬具方案，提交聯合國會員國，以建立軍備規範制度」，這段文字則令人費解，容易衍生出不同的解釋。此外，聯合國大會所確立的原則與安全理事會所擬定的計畫，其間的關係也不夠明確，因此，整體而言，聯合國的裁軍相關規定，存在著主旨不夠明確的問題，而與國聯明快的裁軍構想相比，更令人覺得含糊不清。

聯合國原子能委員會的真正目的

核子武器的廢除問題即是裁軍問題。但囿於昔日經驗的教訓，《聯合國憲章》所制定的裁軍方式有溫和、主旨不明確的一面，而要以此解決廢除核武這一大問題，便顯得有些不勝負荷。

另一方面，很不幸地，聯合國受注目的重點—集體安全保障，也因為安全理事會內部所存在的缺陷，使其在裁減核武這一艱鉅問題上，無法發揮應有的功能。

聯合國原子能委員會的設置即是反映出這個情況。原子能委員會與聯合國大會之下負責裁軍的第一委員會，或是負責集體安全保障的安全理事會的下級機構等，皆有所不同。之所以變成如此，乃是因為《聯合國憲章》所規定的裁軍，或是集體安全保障等，皆無法因應裁減核武問題之故。

對於為何設置原子能委員會，一般的說明都將重點置於技術層面，即核能的利用。但因為製造武器也是「利用」的型態之一，因此雖然「為了利用核能」這個說法本身並無錯誤，但主要課題則是如何實現廢除核武。

第二節　廢除核武的協商

巴魯克（Bernard Mannes Baruch）提案

　　隨著原子能委員會的審議，逐漸凸顯聯合國所具備的機能並不足以充分因應核武問題。

　　當時，美國是世界上唯一擁有核武的國家，但少則三年，多則二十年之內，其他國家也將成功開發出核武，面對可能陷入核武戰爭的危機，世界各國都感到極為憂慮，因此決定趁其成為事實前，希望能禁止核子武器的開發。

　　美國從一開始便積極參與委員會的審議。1946年6月，美國代表巴魯克提出美國方案，其中包含以下幾點：1.核能應僅能用於和平目的；2.為了確保前述目的，設立國際原子能開發機構（International Atomic Development Authority）；3.賦予該機構權限，得以自由對任何國家進行查察；4.若發現違規的情形，該機構可立即採取必要行動（swift condign），以處罰違規國家；5.該機構的決議方式採多數決。[1]

　　此提案已經包含全部的重要問題。此提案一開始便將核能限定於和平利用一事，清楚說明無論如何一定要阻止美國以外的國家開發或持有核武。但僅有美國可以擁有核武，其他國家卻不行，此點於理不通，因而便確立核能僅能用於和平目的之國際性大原則，美國一方面採取遵循該原則的態度，同時也阻止他國進

---

[1] 有關巴魯克提案（1946年6月14日）可參考下列網站。www.atomicarchive.com/Docs/Deterrence/BaruchPlan.shtml。注3西崎文子《アメリカ冷戦政策と国連，1945-1950》223頁，有日文翻譯。

行核能開發。

至於在美國現有的核子武器方面，儘管最後終將會加以廢棄，但在國際原子能委員會中，美國則如此說明：在國際原子能開發機構能夠完全發揮控制機制前，將繼續保有核子武器。對此，杜魯門（Harry S. Truman）總統也曾在其他場合說明，美國受到「神聖的信託（sacred trust）」。[2]換言之，杜魯門在言談中意味著美國為了全世界全人類而保有核子武器。以現在的感覺而言，這樣的發言讓人震驚，但當時美國所擁有的強大立場，卻完全可以做此發言。

為了實現和平利用的原則，當時所提的方法便是設立國際原子能開發機構。該機構可進行澈底的查察，以檢證核能是否被濫用，一旦發現違規的情形，必需立即加以排除；其次，該機構也應該迅速做出必要的決定。在必須澈底推動廢除核武的原則下，一旦發生違規卻又無法排除時，恐怕會陷入極度危險的狀況。因此，美國的方案建構起滴水不漏的體制，也就不足為奇了。

至於國際原子能開發機構採取多數決一事，巴魯克則力陳：「這是因為聯合國安理會五個常任理事國擁有否決權[3]，因而恐

---

[2] 杜魯門總統的這一說明當時廣為人知。例如在1945年10月27日的海軍紀念日（Navy Day）演說中也是如此說明。

[3] 關於否決權的研究相當多。有關非程序事項方面需全體常任理事國同意一事，在敦巴頓橡樹園會議（Dumbarton Oaks Conference）時，包含美蘇在內都一致同意。當時正處於同為同盟國的合作狀態下，這是極為自然的事，在建構戰後的國際秩序上，也是這種想法吧！但在《聯合國憲章》的制定過程中，蘇聯的態度逐漸有所變化，開始主張應擴大需要全體常任理事國同意的事項。最具代表性的案例即是，安理會投票時，衝突當事國應否棄權一事。對此，美英等國認為理所當然，但蘇聯強烈反對。但後來雅爾達會議時，史達林在考慮一天後卻轉而同意。只是舊金

怕無法得到必要的決定。」在《聯合國憲章》制定時便開始討論否決權問題，一旦安理會常任理事國擁有否決權，將使得安理會在決議時增添困難，因此反對意見相當強大，但為了儘快結束戰爭，同時也必須建構起戰後的和平秩序，於是在妥協之下，否決權終究還是獲得認同。巴魯克的意見等於是表明：值此核武時代，安理會的結構已經無法發揮功能。因為安理會本身的缺陷及前述保守的裁軍構想，因此《聯合國憲章》從一開始就被認為是落伍的。[4]

　　無論如何，儘管從一開始聯合國便以這般衝擊性的態勢展開，但安理會卻仍無法有所作為。要說在討論巴魯克提案時，安理會有何作為，那大概就是1947年時依照聯合國大會決議，設置有關傳統武器的委員會。雖然在定位上國際原子能開發機構並非是有別於聯合國的個別機構，但若依照美國的方案，事實上是可以這麼認為的。

急遽進行開發的蘇聯

　　另一方面，蘇聯也提案：1.將核武的製造、使用視為非法；2.為了核能的和平利用，國際原子能委員會應促進科學資訊的交換；3.各國的設施由各國自行查察等。

山會議時，蘇聯重又反對。在《聯合國憲章》的制定階段，這是最嚴重的問題。

橫田喜三郎，《改訂版国際連合》（有斐閣，1960年）。

西崎文子，《アメリカ冷戦政策と国連1945-1950》（東京大學出版會，1992年）。

書中以下各章皆曾討論否決權與第51條間的關係。第一章〈大国拒否権と憲章第51条の誕生〉，第二章〈バルーク案と力による平和〉，第三章〈北大西洋条約と国連〉，第四章〈朝鮮戦争と平和のための結集決議〉。

[4]　前田壽，《軍縮交渉史》（東京大學出版會，1968年）。

其中，蘇聯將核武的製造、使用視為非法，即是將核能的利用侷限於和平目的，這點與美國想法一致。但若依蘇聯提案，查察將無法澈底進行。假設蘇聯違反這個原則祕密發展核武，將不可能期待蘇聯本身會進行澈底查察，因而美國反對蘇聯提案。如此一來，以禁止發展核武為目標的美蘇兩國方案，全都無法實現。[5]

當時蘇聯正急速進行核武的開發，因此不會同意可能對此造成妨礙的國際規定。眾所周知地，蘇聯利用非法的手段，策畫從美國獲得有關原子彈的機密情報。在歷經60年後，最近俄羅斯總統普丁（Vladimir Putin）表彰與此有關的情報人員，引起各國議論紛紛，此事讀者們應當記憶猶新吧！

回歸聯合國與裁軍委員會

結果，僅較美國略遲四年（1949），蘇聯即成功完成首次原子彈試爆。在各式各樣的揣測中，蘇聯是在最短的時間內實現目標的國家。此後，與美國單獨擁有核武時的想法完全相同，亦即不想讓他國也擁有核武，這使得美蘇兩國在防止核武擴散上皆採

---

[5] 巴魯克提案是在日本加入聯合國前的事，因此日本方面並無正式紀錄。本書的記述主要是參酌注4前田壽《軍縮交涉史》及下列諸書。

Cheever, Daniel S., "The UN and Disarmament" ,*International Organization*, Vol. 19, No. 3, 1965.

Shils, Edward," The Failure of the United Nations Atomic Energy Commission: An Interpretation", *The University of Chicago Law Review*, Vol.15 No.4 (Summer,1948)

Buck,Alice L., *A History of the Atomic Energy Commission*, U.S. Department of Energy, 1983.

Graybar, Lloyd J., and Graybar, Ruth Flint , "America Faces the Atomic Age: 1946 ", *Air University Review*, January-February, 1984.

取積極作為。但世界逐漸進入冷戰時期，使得美蘇兩國的意見也往往難以一致。

1951年的聯合國大會中，美國與西歐各國共同提出新提案，對所有軍備加以限制或裁減。這乃是依循《聯合國憲章》的規定，同時也隱含裁減核武的檢討，將由聯合國原子能委員會回歸到聯合國。但其背後發生作用的另一原因，即是西方各國亦重新檢討對蘇政策。所謂重新檢討對蘇政策即是，西方各國體認到，與其壓制蘇聯，不如共同合作構築不擴散體制。

想法改變的主要因素有下列幾點：首先，在蘇聯原子彈試爆後不久，中華人民共和國政府成立，就蘇聯而言，等於是出現強而有力的友邦；再者，隔年開始韓戰爆發，有激化西方各國與共產世界對立的傾向；最後，歐洲各國正從戰爭的廢墟中邁向復興之路，並不想激化與共產世界的對立。

1952年，聯合國大會將原子能委員會與傳統武器委員會合併，成立「聯合國裁軍委員會（United Nations Disarmament Commission, UNDC）」，並讓該委員會就軍備的限制及削減等，擬定條約草案。儘管這一裁軍動向乃是依《聯合國憲章》規定的方法所進行，但就西方世界而言，其中也包含廢棄核武及為實現這一目標所需要的查察等。

但蘇聯卻對此案卻採取不合作的態度，其理由為裁軍委員會的成員與原子能委員會，均僅由安理會的五個常任理事國及加拿大所組成。同時，蘇聯反對國民黨政府（中華民國政府）代表中國，在會議中拒絕與其代表同席。在稍早之前，當韓戰爆發時，安理會雖然成功通過譴責北韓的決議文，但這所以會成功乃是因為蘇聯抵制安理會而缺席會議之故。

此外，蘇聯也不喜歡西方的提案，因為其中包含對於各國軍備的強力查察。這使得聯合國原子能委員會審議時又再度出現問題。

聯合國裁軍委員會小委員會的努力

為了打破這一膠著狀態，西方國家試著排除中華民國，以其餘五國為成員設立小委員會，置於裁軍委員會之下。對於中華民國被排除，蘇聯雖然表示樂見，但僅剩的這些成員還是對蘇聯不利，因而開始主張於五國之外應加入捷克、印度及中華人民共和國。但對於中華人民共和國的加入，西方世界（特別是美國）絕對無法接受。雙方交涉的結果，決定將小委員會的設置提交聯合國大會決議，而於1953年正式成立。但當時蘇聯也是棄權，不過其餘各國均表贊成。

儘管小委員會成立，但蘇聯與西方國家間的立場差異，即使在小委員會中也未能消除。特別是在有關驗證與查察等主要問題上，雙方還是針鋒相對。蘇聯以不能接受干涉內政為由，持續拒絕強力的國際查察，於是小委員會在1957年召開最後一次會議後，即不再舉行會議。

其間，聯合國有關核能的和平利用討論卻有所進展；1953年美國艾森豪（Dwight David Eisenhower）總統在聯合國大會演說，呼籲國際合作，以促進核能的和平利用。以此為契機，聯合國成立國際核能總署（International Atomic Energy Agency, IAEA），而這一年（即1957年）正是裁軍委員會小委員會機能陷入停止狀態的同一年。國際核能總署的任務雖然包含查察在內，卻未能達到巴魯克提案所極力主張的強大權限，即各國不得拒絕查察的規範。

在小委員會失敗之後，聯合國大會將裁軍委員會的成員增加到25個，試圖藉此打開困境，但依然無效。

日本得以加入聯合國是在這之前的1956年。日本是最期待實現裁減核武的國家，但因為此前日本並非聯合國會員國，對於核武試驗也僅能抗議。然而，就算日本加入聯合國，也無法立即參與所有的裁軍會議，而日本能進入審議核武問題的委員會，已是十餘年後的事。

第三節　全面澈底裁軍交涉

赫魯雪夫（Nikita Khrushchev）的全面澈底裁軍提案與10國裁軍委員會

其後，蘇聯總理赫魯雪夫在聯合國進行的演說，使得裁軍議題重新復活。在蘇聯國內，當獨裁者史達林於1953年死後，總書記兼總理赫魯雪夫開始對史達林進行批判，同時他轉換政治路線，尋求與西方世界的和平共存。赫魯雪夫所進行的積極外交，對當時的國際政治帶來各種影響，中國因而稱之為修正主義，兩國關係因而交惡，但蘇聯與西方國家的關係卻開始有所改善。1959年，赫魯雪夫受美國總統艾森豪之邀，成為戰後首位訪美的蘇聯領導人，並出席聯合國大會。他在會中突然提案廢除軍備，震驚全世界。[6]

儘管西方世界強烈認為，赫魯雪夫提案不過是為了欺瞞西方世界，或者僅是凸顯蘇聯外交的假像而已，但美國則將赫魯雪

---

[6] 有關此時的狀況請參考前田壽《軍縮交涉史》，715頁。

夫提案視為聯合國裁軍交涉再度復活的良機，因此態度積極。當
年的聯合國大會達成決議，其內容為：「全面澈底裁軍（general
and complete disarmament）是全世界最重要的課題，要求10國裁
軍委員會（Ten Nation Committee on Disarmament, TNCD）對此進
行檢討，並希望儘早達成共識。」[7]10國裁軍委員會由東西兩陣
營各5國（合計10國）所組成，設置於日內瓦。

　　「全面澈底裁軍」的構想與國聯時代所嘗試的「普遍裁軍」
（請參照本書書末的增補）基本相同，但在國聯時代的「普遍裁
軍」再加上「澈底」兩字，因此可說是較為完整的裁軍構想。另
外，無論是「普遍裁軍」的「普遍」或是「全面澈底裁軍」的
「全面」，英文用語皆是「general」。有關「全面澈底裁軍」的
譯法，或許還有其他更適當的譯詞，但當時便是如此翻譯，因而
本書繼續沿用此一用法。

還是仰賴聯合國

　　但當時美蘇的想法並非一致。赫魯雪夫的提案雖然是在聯合
國大會時提出，並且受到熱烈討論，但要達到全面澈底的裁軍，
其負責機構是否設定為聯合國則不甚清楚。

　　然而，美國卻認為可以靈活運用聯合國。對於全面澈底裁
軍，美國國務卿赫特（Christian Herter）隔年表示如下意見：
「裁減各國軍備，強化國際武力」確有其必要性，因此國際社會
必須制定規範，並且應建立有效的方法，以保證各國皆能完全遵
守規定，而為了進行以上交涉，聯合國是個可以運用的機構，並

---

[7] 聯合國大會決議1378（XIV）。

且也已經累積相當的經驗。赫特的意思是藉由善用聯合國有可能得以實現全面澈底的裁軍，為此，應裁減各國軍備，同時強化聯合國可以自由運用的武力，使其具備維持和平的實力，若遇到違反事件時，才能夠有效因應。在管理核能方面，需要一個擁有絕對權限的國際機構，這點赫特的想法與巴魯克提案相同，這也說明裁軍有可能在聯合國現行架構下實現。

美國之所以認為在聯合國組織裡能夠設立具有上述功能的機構，其背景因素為：儘管安理會對於政治上較為複雜的案件，常常出現無法妥善處理的情形，但藉由妥善運用聯合國大會，相當程度可以彌補此一缺陷的意識卻逐漸增強。例如韓戰時安理會功能不彰，但當時仍通過「為和平而團結」的決議（1950年），以強化聯合國大會對於維護國際和平與安全的權限；其後，1956年蘇伊士運河危機時，英法兩國與美蘇意見相左，並行使否決權，聯合國大會因而依照「為和平而團結」決議，通過立即停戰的決議[8]，以收拾殘局。

美蘇共同聲明

然而，就在10國裁軍委員會開始審議後不久，卻發生令會場氣氛低落的事件，即美國U2偵察機因侵犯蘇聯領空而遭到擊落。因為這一事件，美蘇兩國原本出現的和解氣氛不復再見，又回到強烈的對立關係。隔年，蘇聯重啟原來停止的核武實驗，並採取激烈的示威行動，僅在60天內便進行30次核武實驗。這麼一來，美國也不能沉默以對，遂大規模進行核武實驗，於是美蘇關

---

[8] 聯合國安理會決議第119號。

係急邃緊張，連帶10國裁軍委員會也無法運作。美蘇間的衝突還不僅於此。隔（1962）年10月，蘇聯試圖將能搭載核武的飛彈部署在古巴，因而發生所謂「古巴危機」，爆發核子戰爭的危險性增高，所幸甘迺迪總統採取堅定的態度，最後讓蘇聯不得不放棄部署計畫，戰爭危機才得以解除。

其間，美蘇兩國不僅只是對立而已，同時也摸索著如何修復彼此間的關係。1961年6月，美國總統甘迺迪與蘇聯總理赫魯雪夫在維也納舉行會談，協商如何降低兩國的緊張關係；同年9月的聯合國大會，美國代表麥克洛伊與蘇聯代表洛林（Valerian A. Zorin）發表共同聲明，兩國同意基於下列原則處理有關裁軍交涉的問題。亦即：

（1）交涉的目的乃為了就全面澈底裁軍、和平解決衝突及依照《聯合國憲章》有效維持和平等各項達成共識（第1項）。

（2）各國所保有的武力不得超出維持國內秩序所需的程度（第2項）。

（3）各國提供一定武力，以組成聯合國和平維持部隊（同項）。

（4）解除武裝，廢止軍事設施，廢除核子、化學、生物等大規模量破壞型武器，同時禁止其生產（第3項）。

（5）在維持各國均衡狀態下，階段性實施裁軍（第4及5項）。

（6）在嚴格且有效的國際管理下（under strict and effective international control）實施裁軍。為此，在聯合國組

織下設立國際裁軍機構（International Disarmament Organization）。在查察上，保障該機構對於所有必要場所，可以進行無限制接觸，任何國家不得拒絕（第6項）。

（7）進行裁軍交涉的同時，也著手成立和平維持部隊，對於行使武力或以武力威脅等違反《聯合國憲章》的行動，令其得以擁有抑制或鎮壓的能力（第7項）。

（8）在取得全面澈底的裁軍前，可先行達成部分協定（第8項）。

　　這是個劃時代的提案。全面澈底裁軍不僅是聯合國的課題，也是自國聯成立以來國際社會的課題。此一問題本身未必是新課題，但為了實現該目標，確立真正有效的查察制度，並設立任何國家皆無法拒絕的裁軍機關之構想，乃是自聯合國創立以來，先是美國繼而是西方國家相繼追求，但皆因蘇聯反對而無法實現，此時這個構想雖然僅是在提案階段，但美蘇兩國都對此表示同意，此事本身即具有重大意義。此外，與裁軍同時成立的聯合國和平維持部隊，乃是接近《聯合國憲章》第七章所規定的聯合國軍隊，而非僅只具備有限功能的部隊。

　　只是，有關聯合國和平維持部隊方面，共同聲明中明白記載，對於發生違反《聯合國憲章》的事件時，擁有「抑制或鎮壓的能力」，但這是有關和平維持部隊能力的定義，而對於運用和平維持部隊時可能造成障礙的否決權問題，卻完全沒有觸及。即便僅是這樣的文字表現，但要能夠達成協議，無論是對否決權心存警戒的美國，或是認為否決權有存在必要的蘇聯，兩國皆須讓

步才可能達成。

　　自聯合國成立以來，對於裁軍的實施方式及聯合國的角色問題等，美蘇兩國意見相左，但從U2事件到古巴危機，雙方真實感受到核武戰爭的恐怖，才使得兩國產生應進行裁軍的想法，並認為最好在聯合國組織下成立負責此事的機構，進而讓這個想法得以實現。這一共同聲明與下述美蘇各自進行具體提案時，正是在聯合國組織下最有可能實現裁減核武的機會。

交涉

　　在通過麥克洛伊與洛林共同聲明後，聯合國大會決定將18國裁軍委員會（Eighteen Nation Committee on Disarmament, ENCD）設置於日內瓦。該委員會由已經停止功能的10國裁軍委員會的成員與不結盟國家的8國所組成，隔年開始進行協商。有關該委員會與聯合國間的關係，如同聯合國與18國裁軍委員會一般，雖然並非聯合國內部的機構，但需向聯合國報告，因此兩者有著密切的關係。廣義而言，18國裁軍委員會也算是列在聯合國架構下的組織。18國裁軍委員會的任務正是檢討全面澈底裁軍及禁止1960年以後再度舉行核子試爆條約等，並對於如何探知核子試爆等進行檢討。

　　日本從前便不斷呼籲擁有核武的國家停止核子試爆，後來也加入聯合國，但尚未能參加這個建立在東西陣營巧妙平衡的委員會。

　　1962年3月，蘇聯向18國裁軍委員會提出全面澈底裁軍的條約草案。隔月，美國也就同一問題提出條約的「基本條文概要」，並開始進行條約的協商。在美國的方案中，主要是分三階

段裁減各國軍備及強化聯合國和平維持部隊，最後則是任何國家
皆須服膺於聯合國和平維持部隊。另一方面，在各國應向聯合國
提供武力這點上，蘇聯方案與美國相同，但所提供的武力仍屬各
國，平常駐留該國領土內。在蘇聯提案中，若聯合國想要使用各
國所提供的武力時，需有安理會的決議，因此一旦有事，聯合國
能否有效因應，則不無疑問。另一方面，美國方案則認為，和平
維持部隊的活動若是已有國際裁軍機構或聯合國大會的決議，未
必需要有安理會的決議。

美蘇兩國的想法還是有所不同。期待交涉圓滿的美國及其他西
方國家，主張藉由同樣的方法來解決問題。所謂同樣的方法即是，
蘇伊士運河危機（1956年）及剛果衝突（1960年）時的經驗。當
時因為否決權的行使，導致安理會功能不彰，改以聯合國大會來
因應，方才順利解決。但蘇聯持續懷疑統率各國軍隊的聯合國是
否能完全維持中立，因此依然無法同意放棄行使否決權一事。

美蘇畢竟不同

美蘇雙方雖然都提案在聯合國組織下設立國際裁軍機構，但
在內容上意見卻相差甚大。

首先，有關決議的問題上，除否決權問題外，蘇聯方案中聯
合國大會及管理理事會等，在程序事項方面採多數決，而實質事
項則需三分之二的同意。相較之下，美國方案中關於重要問題，
則是在理事會採取需包含美蘇在內三分之二國家同意的多數決。

就這部分而言，兩案間的差異看似不大，但美國方案中明白
規定，該機構為了查證可以進行必要的接觸，對此不得行使否
決權，而蘇聯方案中則無相近項目。就這點而言，雙方的差異

極大。

若發生違反條約的情形，蘇聯方案規定遵照《聯合國憲章》由安理會來處理。要言之，即使國際裁軍機構成立，但類似違反條約這般重大問題，並非由該機構決定，而是由安理會或會員國決定。這雖然是忠於《聯合國憲章》的規定，但美國認為，在核武時代這一方式不夠完善，因此無法滿意。相反地，美國方案中，對於違反條約時安理會所應扮演的角色並無明確說明，或者可以說擴大國際裁軍機構單獨處理的範圍，甚至有傳聞，美國實際上試圖修訂《聯合國憲章》。

有關國際裁軍機構的人員方面，兩者的想法也不盡相同。蘇聯方案主張雇用能適當代表東西兩陣營及不結盟國家等三方面的人，但相反地，美國方案則主張該機構應設立代表人，代表人在管理理事會監督下，執行該機構的人事及財務等事務。

正如兩者所顯示的差異，在設置國際裁軍機構這一大方向的構想上，美蘇兩國予人想法一致的印象，但基本上蘇聯的想法即是將此機構視為聯合國內部機關，能夠運作它的僅有聯合國或其會員國，且蘇聯對此毫無妥協的意願。相反地，美國及其他西方國家則認為，僅是這些並不完備，為因應核武問題而進行全面澈底裁軍時，應考量建構一個超越聯合國現狀的組織。

第四節　從聯合國到《核武不擴散條約》
轉換為防止核武擴散

雙方的討論持續進行，但歷經數年而意見差異卻不見縮小。如此一來，現階段要簽定全面澈底裁軍的條約有其困難；相形之

下，停止核武軍備競賽、裁減核武、防止核武擴散等才是當務之急，這種想法逐漸增強。這即是麥克洛伊與洛林共同聲明中所提及的「部分措施」。

在全面澈底裁軍的協商之外，1964年美蘇兩國也就防止核武擴散問題，開始進行討論。隔年春天的18國裁軍委員會中，美國明確地主張，為防止核武擴散應以締結新條約為目標，並於8月時提出條約草案。約一個月後，蘇聯也提出草案。隔（1965）年初，條約協商正式進行。

協商開始時，蘇聯批評美國的方案，但當美國表達善意，採納蘇聯的主張，並提出修正案時，雙方想法趨於一致。1967年8月，美蘇兩國提出再修正案，雙方的內容完全相同。這是因為兩國已事先取得聯絡，並商談過各自方案的內容。隔（1968）年3月，兩國共同提出新的條約草案。在裁減核武問題上，自麥克洛伊與洛林共同聲明以來，美蘇兩國的意見即趨於一致，而共同提出裁軍條約草案更是空前絕後。如此一來，事情便容易進行。18國裁軍委員會便以美蘇共同案為基礎，在較短的時間內確定條文，然後送交聯合國大會，而大會也僅作若干修正。同年6月，《核武不擴散條約（Treaty on the Non-Proliferation of Nuclear Weapons）》通過，各國自7月1日起開始進行簽署。另外，《核武不擴散條約》也常被簡稱為NPT。

NPT將1967年1月1日前曾經製造核武、進行核武實驗的國家定義為「核武國家」，其他國家則稱之為「非核武國家」。NPT稱為核武國家者有美、蘇、英、法及中國等5國。非核武國家雖被賦予擁有和平利用核能的權利，但禁止進口及擁有核武，遑論核武的開發與製造。

NPT後的聯合國

如此，核武不擴散體制成立，但聯合國在裁減核武中的角色卻尚未結束。此外，在全面澈底裁軍的協商中斷後，設置於日內瓦的18國裁軍委員會依然存在；嚴格來說，18國裁軍委員會雖非聯合國的組織，但廣義而言，卻算是位在聯合國的組織之下。其後，18國裁軍委員會的名稱數次更改，現在被稱為「裁軍會議」，詳細情形稍後說明。因此，在NPT成立之後，可進行核武協商的機構便有NPT、聯合國以及規模沒有前兩者大的日內瓦裁軍委員會。三者的體制各自具有特色，並非是取代關係，而是其中任何一個機構無法發揮功能時，其他機構則加以輔助。理論上，設立第四機構雖然可行，但卻不符合現狀。

以下各章，將以夾雜評論的方式，就各機構發揮的功能做一說明。

第二章　聯合國大會的政治對立

不結盟國家與聯合國的變化

　　聯合國原有的55個會員國中，絕大多數屬於第二次世界大戰時的聯合國陣營，美國具有絕對而強大的影響力，但冷戰開始之後，聯合國內逐漸形成東西陣營對立的情形。全面澈底裁軍的協商也不例外，同樣是因為東西陣營的對立而導致失敗。

　　之後，聯合國的會員國逐漸增加，1956年日本加入聯合國時，會員國已達80個，但當時美國的外交政策仍獲得多數國家的支持。相形之下，支持蘇聯的東歐各國寥寥無幾，蘇聯的勢力也因此受到相當大的限制。在這種情況下，東歐陣營的主張通常不易通過，只是其主張雖然無法通過，但仍貫徹反對西方的立場，此時否決權具有相當的效果。

　　但自1960年以降，由於非洲各國陸續獨立並加入聯合國後，不一定會支持美國外交政策的會員國逐漸增多，例如承認中華人民共和國的會員國增加，同時這些新加入的會員國幾乎都屬於「不結盟國家組織（Non-Aligned Movement）」。結果就會員數目而言，不結盟國家組織較其他各陣營具備優勢，如此一來，冷戰當事者（即東西兩大陣營）儘管擁有強大的軍事力量，卻也無法忽視這些國家的主張。

　　對於NPT的協商，不結盟國家雖然認同「不能讓核武擴散」這一原則，對其成立也抱持協助的態度，但這些國家幾乎都是非核武國家，只能接受不擁有核武的義務。結果，這些國家在國

家安全上便形成單方面承受來自核武國家威脅的態勢。因此，當NPT在1970年生效後，對於廢棄核武問題仍無進展一事，非核武國家漸感不滿。NPT規定每5年必須檢討條約的運用狀況，當1975年召開第一次檢討會議（Review Conference）時，不結盟國家強烈批評核武國家努力不足。在5年後的1980年，NPT會員國再度召開第二次檢討會議，會中對立激烈，甚至無法做出結論。

不結盟國家領袖會議的決定

因為全面澈底裁軍協商的挫折以及NPT的成立等影響，在裁減核武一事上，聯合國形成後退兩步的態勢。但在NPT方面，這一停滯卻引起新的漣漪。不結盟國家逐漸認為，聯合國還是應該積極進行裁減核武。象徵這一傾向的先驅做法便是將1970年到79年間視為「裁軍10年」，而為了讓裁軍有所進展，不結盟國家還呼籲各國應多加努力。

在NPT開始協商前，不結盟國家便企圖強化聯合國的角色功能，1961年貝爾格垃（Belgrade，當時南斯拉夫首都）不結盟國家領袖會議中即通過決定，提議舉辦世界裁軍會議，若有困難，則改為聯合國裁軍特別會議。

表面上，世界裁軍會議的目標為實現全面澈底裁軍，但並不要求18國裁軍委員會所討論的嚴格查證，而是強調違反條約者採取迅速而有效的因應措施，在性質上傾向以政治力來克服核武國家的消極態度。蘇聯認為，世界裁軍會議有利於赫魯雪夫所主張的全面澈底裁軍，因而對此提案採取積極態度。但美國等西方國家對此方式表示反對。西方陣營之所以反對，或許是因為冷戰時期特有的思考模式吧！因為以蘇聯為首的東方陣營認為對其有

利，西方陣營當然就會反對。但無論如何，各國對此問題的意見相差太大，故而無法達成共識。

此時，不結盟國家為了達成裁軍目的，提案召開聯合國特別大會。此提案被各國接受，因此1976年的聯合國大會決定召開裁軍特別大會。換言之，儘管「裁軍10年」尚未結束，但情況卻很明朗，不結盟國家認為已經不會有任何結果，因此他們主張應採取更強力的行動，亦即召開僅限裁軍問題的聯合國特別大會。

聯合國裁軍特別大會

聯合國裁軍特別大會[1]於1978年召開，共145國參加，其中也包含尚未加入NPT的中國與法國等，有多位國家領袖出席。因為是聯合國召開的緣故，才會有這麼多國家參加。

會議中確認，全面澈底裁軍為今後國際社會所應追求的目標，並提及為立即達成該目標，應消除核武戰爭的危險，以及停止軍事擴張的競賽。時值多數非核武國家對於NPT裁減核武的行動停滯不前感到不滿，確認將努力實現全面澈底裁軍一事，或許在心理層面上具有鼓舞的作用，但也僅止於此，實際上並無法成為實際的推動力量。

非核武國家最為不滿的是安全保障。在此之前，核武國家對此皆未曾答覆，僅在特別大會時發表消極性的安全保障宣言，即原則上不得以核武攻擊非核武國家。但因為非核武國家所尋求的是具有法律約束力的保障，對於宣言並未感到滿足。因此在裁軍特別大會之後，此一問題依然存在。

---

[1] 外務省情報文化局，《国連軍縮特別総会》（1978年）。

　　另一方面，在傳統武器方面卻有重要決定。各國同意將其納入裁軍特別大會結論的行動計劃，其中羅列各國應實施的事項，不僅核武等大量破壞型武器成為裁減、廢除的對象，甚至傳統武器也應包括其中。此外，行動計劃並明確記載，限制傳統武器中「過度或無差別殺傷型武器」的重要性。就人道保護的觀點而言，限制這類武器為聯合國所進行的重要一步，也是國際人道法的發展基礎。

　　此外，行動計畫中規定，國際社會應採取的行動，不應僅限於國家間，連區域間、國際間也都應該進行。這裡的區域方面指的是如亞洲、中南美洲等，而所謂國際間的典型事例便是聯合國。

　　其他獲得通過的事項還有應更加努力實現如今已成懸案的禁用化學武器、裁減軍事預算，以及喚起裁軍相關輿論等。

容易混淆的裁軍委員會與裁軍會議

　　特別大會也進一步審議推動裁軍的機構問題。在蘇聯也擁有核武之後，聯合國遂設置聯合國裁軍委員會，期待該委員會能就廢除核武進行提案，但實際上委員會卻未能發揮功能。有鑒於此，特別大會決定下列事項：活用聯合國裁軍委員會；全部成員應為聯合國會員國；其任務則是因應聯合國大會的要求，就裁軍問題進行建言；觀察裁軍特別大會的後續發展等。日後在傳統武器方面，儘管委員會曾獲得若干成績，但卻無法回應裁軍特別大會所寄予的巨大期望。委員會現在依然存在，每年大約開會三週。但委員會的活動相當低調，原本聯合國期待委員會能夠發揮智慧或是取得主動權等，但幾乎都無法達成。

1969年時，日內瓦18國裁軍委員會的參加國增為26個，日本也如願成為其中一員。隨著會員國數量的增加，會議名稱也改為裁軍委員會會議（Conference of the Committee on Disarmament）。在裁軍特別大會時，參加國更增為40個，同時名稱也改為裁軍委員會（Committee on Disarmament）；到1984年又將名稱變更為裁軍會議（Conference on Disarmament, CD），且延用至今。

在1984年以前，聯合國裁軍委員會與日內瓦的裁軍委員會，兩者名稱非常容易混淆。不過若看原文，聯合國裁軍委員會的「委員會」為commission，而日內瓦裁軍委員會的「委員會」則是committee，其實並非那麼容易混淆，之所以會產生混淆，乃是因為日文將兩者都譯成「委員會」之故。為了區別兩者，儘管一般不是如此稱呼，但本書為避免混亂，將日內瓦的「裁軍會議」冠以所在地名稱，使用「日內瓦裁軍會議」這一名稱。

聯合國裁軍研習計畫（United Nations Programme of Fellowship on Disarmament）

此外，裁軍特別大會也設立裁軍研習制度，針對參與裁軍的各國中堅人物及年輕外交官與國防部相關人員等，提供前往相關的國際機構研修或至相關國家、研究所訪問等的機會。其主旨為，裁軍方面多數都需處理高度專門性、技術性的問題，透過這類研習，不僅能加深對於裁軍的理解，且能強化知識，有助於促進裁軍。

對於該制度，日本在第二次裁軍特別大會時，曾提案招待參加研修者到廣島及長崎。此事在隔（1983）年以後終於得以實現，每年約招待25名人員到日本研習。這一活動帶給參加者極大

的衝擊，不少過去曾經參與活動的人，現在仍然活躍，並且已成為大使級人物。此外，幾乎所有參加者都曾聽聞原子彈爆炸時的慘狀及核武的不人道，但似乎皆是到達當地後才首度瞭解真正的情況。

第二次裁軍特別大會

　　裁軍特別大會隔年所召開的聯合國大會為1970年代最後的大會，會中將1980年代命名為「第二個裁軍10年」，並且為實現裁軍特別大會中所決定的事項，各會員國宣誓將投入更多的努力。第一個裁軍10年幾乎毫無進展，而80年代是聯合國第一次裁軍特別大會時決定推動事項的年代，因而再度要求各國應更加積極。

　　正如第一次特別大會所決定的進程，第二次裁軍特別大會[2]在1982年舉行。與第一次特別大會相同地，多位元首級人物出席。有關全面澈底裁軍一事，第一次特別大會僅確認其重要性便宣告結束，但第二次特別大會則試著就「全面裁軍（Comprehensive Disarmaments）計畫」進行協商。只是「全面裁軍計畫」與「全面澈底裁軍」在意義上有所不同，「全面裁軍計畫」屬於前面所提及的部分裁軍問題，具體而言便是避免核武戰爭、全面禁止核武實驗、禁止化學武器、限制傳統武器的交易等。這些事項被認為有可能實現，且急迫性也較高，因此可以同時並進而加以實現。另一方面，各國也考慮到可以藉由全面裁軍計畫，鋪陳出一條實現全面澈底裁軍的路徑。

　　然而，這些僅是特別大會準備階段的結論而已。及至正式

---

[2]　外務省情報文化局，《第2回国連軍縮特別総会》（1983年）。

會議時，各國的真正意向才呈現。結果就是包含全面裁軍計畫在內，實質上無法達成任何協議，僅再度確認第一次裁軍特別大會的各項決定、建議等仍然有效，並同意召開第三次裁軍特別大會。第二次裁軍特別大會已無法維持一開始時的強大氣勢，而這大概也不限於裁軍問題吧！

第三次裁軍特別大會

第三次特別大會在1988年召開。時值蘇聯開始進行改革，美蘇間的緊張關係大幅緩和。此外，在1986年雷克雅未克（Reykjavik，冰島首都）領袖會議中，搭載核彈頭的中程飛彈配備問題也達成將完全撤離的協議，隔年並簽定條約，這個有段時期曾讓西歐各國感到強烈危機感的問題，至此獲得解決。另外，同年也締結《拉洛東加（Rarotonga）條約》，將南太平洋設定為非核地區；此外，裁減搭載核彈頭飛彈的《削減戰略武器條約（STrategic Arms Reduction Treaty ,START）》協商也已經開始。諸如此類，雖然並非聯合國的活動成果，但就裁軍而言卻是重要進展，因此第三次裁軍特別大會的氣氛似乎不錯。

但正式展開會議就另當別論。對於在聯合國特別大會中將裁軍問題列為重點討論對象，並尋求進展的手法，美國及西歐各國感到懷疑。主要是認為，對於裁減核武這一極具政治性、戰略性的問題，若試圖以國家數量的方式獲得結論，將有其侷限性。相較於聯合國之外的進展，在實質問題上，第三次裁軍特別大會並未做出任何結論。[3]裁軍特別大會的召開，乃是以世界各國所

---

[3] General Assembly Official Records: Fifteenth Special Session, Supplement No.6 (A/S-15/6).

組成的聯合國之名，將重點置於裁軍並尋求有所進展，但結果卻是，裁軍特別大會做為不結盟國家的政治性協商場所的性格愈來愈強。

　　儘管如此，1995年時仍決定未來將召開第四次聯合國裁軍特別大會。其背後的原因是，因為該年需要處理延長或結束NPT問題，使得核武國家不得不做出某種程度的讓步，但多數西方國家還是反對召開第四次會議。結果，雖然以多數決的方式決定召開會議，但何時召開卻未有決議。在此情況下，這一問題便延宕到現在。

第一委員會與廢除核武的決議

　　聯合國在大會之下設有六個委員會，負責大會正式決議前的相關準備。第一委員會便是負責「裁軍及國際安全保障」。聯合國設立的目的是維持國際的和平與安全，裁軍則是實現這一目的的手段，而實際負責裁軍的正是這第一委員會。第一委員會每年召開，原則上任何涉及裁軍及國際安全保障的相關議題皆是審議的具體對象，但現在與「國際安全保障」相關的問題，因涉及和平的維護，因此多半由安理會處理，第一委員會則傾向於專門處理裁軍的問題。

　　第一委員會所討論的具體問題多樣繁雜，如廢除核武、全面禁止核子試爆條約的生效問題、小型武器、人員殺傷地雷、區域裁軍、國際法院諮詢意見的後續追蹤等。2007年時，第一委員會將審議結果（共60件決議案）提交聯合國大會，最後在大會中通過決議案。因為需要在有限時間中討論眾多問題，因此對於各項問題，第一委員會並無法仔細審議，基本上只能就今後的方向

做出決議。但委員會乃是以多數決進行決議，因此其特徵之一便是：無論好壞總會有結果。此外，各決議案受多少國家支持的程度，也會以國家的數量顯示。

日本也曾在委員會中主導兩件決議案，其中一件與小型武器有關[4]，而這是與南非、哥倫比亞等國共同推動的。

另外一件則是廢除核武的決議案[5]，自1994年以來每年都提出。決議案的目標為澈底廢除核武，並提示方向性以促進其實現，每年都獲得多數國家的支持而通過。到2008年為止，反對的國家僅美國、印度及北韓等。美國之所以反對，乃是因為決議案呼籲未批准《全面禁止核子試爆條約》的國家儘早批准；印度的理由則是，當時印度還不是NPT的會員國，而被要求若要加入須以「非核武國家」身分加入。至於北韓的理由是因為決議案批評北韓進行核武實驗。

但2009年時，歐巴馬政府的政策轉為儘早批准《全面禁止核子試爆條約》，於是對於日本所主導的廢除核武決議案，已不再有反對的理由，因此美國不僅在聯合國審議時贊成，並且態度轉為積極，成為共同提案國。

決議的後續追蹤成為問題

這一決議案雖然獲得多數贊成並通過，但是否遵照通過的決議案而採取行動卻未可知。這種情形不僅發生於廢除核武的決議案，而是第一委員會通過的所有決議案的共通問題。

例如決議可分為兩種，透過某些決定給予預算上的補助，

---

[4]　A/RES/63/72.

[5]　A/RES/63/73.

以及不需給予補助等。以前者為例，對於某些新問題，在各國代表齊聚審議前，需召開專家會議，從專業性、技術性等觀點來探討，而要召開這類會議必需負擔費用。類似這種情形，若無決議，專家會議便無法召開，因此決議有其實質上的意義。

至於後者，若是不需預算上的補助時，會員國是否遵照決議實行，端視會員國的態度而定。然而，大多數的情況是並沒有因為有決議而出現新的進展，要求裁減核武的決議也是其中一例。只是即便是在這類決議上，各國對討論的議題如何考量均會呈現，因此也需要承受相當的政治壓力。

但決議中也有部分並未帶有這類政治壓力的色彩。例如針對某些問題，要求各國報告其國內措施，然而即使決議通過，但各國卻遲遲不報告。好不容易通過的決議若不實行，其本身也就不具有意義。實際上，我也曾在會議中發言強調此事。

很可惜的是，這是常常見諸於聯合國的惡習。對於這點，各會員國也被要求改善。具有政治性壓力的決議時，是否真的具有效果，其實很難論斷，但若僅是每年重複相同的決議，肯定無法令人滿意。

第三章　日內瓦裁軍會議的停滯

日內瓦裁軍會議的特徵

　　設置於日內瓦的裁軍會議，為協商全面澈底裁軍的18國裁軍委員會的後續機構。正如前述，日內瓦裁軍會議並非是聯合國的內部機構而是獨立機構，但雖是獨立機構卻也非完全獨立，聯合國提供如會議場地、事務處服務等種種方便。若非如此，會議的召開將會產生問題。理論上，它可以接受聯合國以外機構的協助，但真正仰賴的還是聯合國。有時也有特定國家協助會議，主要是贊助召開會議的費用及提供會議場地等。

　　另外，聯合國方面因為預算用途已經決定，因此無法自由提供經費上的協助，故其具體的協助方式為，聯合國先瞭解會議需要何等程度的協助之後，將權限賦予聯合國本身，也就是說需要獲得會員國決議認可。這是因為聯合國的會員國與聯合國專門組織的會員國兩者並不一致，因此聯合國在提供經費援助時，便需要有與這相符的決定。

　　聯合國本身為一巨大組織，在其周圍有許多受其支援與協助的機構，特別是有些組織本身並不具備舉辦會議時發揮重要功能的秘書處，因此需要與聯合國維持關係。NPT與日內瓦裁軍會議皆是其中一例。

　　18國裁軍委員會被設定為協商全面澈底裁軍的場所，因為如此，其後續機構的日內瓦裁軍會議也被視為進行協商裁軍所需條約的機構。事實上，日內瓦裁軍會議也曾進行下列數個裁軍條約

的協商，並獲得一定成果。日內瓦裁軍會議雖被稱為「唯一一個多國間裁軍協商機構」，但最近在維也納也有與裁軍相關的條約正進行協商。在日內瓦以外的地點協商的條約，或許未必會被視為「裁軍條約」，但那只是名稱的差異而已。例如後述的聯合國《槍枝議定書》，就是裁軍條約中重要的協議。下面列出的條約中，雖然也包含不屬於裁減核武的事項，但因為都屬於日內瓦裁軍會議成果，為了行文方便，在此一併說明。

《生化武器禁止條約（Biological Weapons Convention, BWC）》

在NPT成立後，很快地聯合國裁軍委員會即建議應檢討禁止化學及生化武器等問題，聯合國秘書長也擬定並公布〈化學、生化武器與其使用影響報告書〉。這是代表聯合國裁軍委員會能有效運作的少數案例之一。化學、生化武器的處置所以受到高度注目，據稱其背景為美軍從1962年開始在越南使用枯葉劑，受到國際間強烈譴責，因此美國有必要讓各國看見其在規範化學武器上積極因應的態度。

至目前為止，雖然將化學武器與生化武器歸為一談，但化學武器曾於兩次大戰中實際使用，儘管極為不人道，但其必要性已受到強烈肯定，因此一般預測要想禁止並不容易。另一方面，雖然生化武器自古以來已經存在，但尚未帶來足以被稱為大量破壞型武器般的大規模損壞，因此這部分被認為較有可能在短期間內達成共識。於是，依照英國的提案，聯合國先就生化武器進行討論，1971年禁止條約獲得共識並通過。但一般而言，條約的成立時間被認為是開始進行簽署的1972年。

關於禁止化學、生化武器，在1925年國聯時代便通過所謂

《1925年日內瓦公約》，只禁止「使用」化學、生化武器。新成立的條約則禁止開發、製造、進口、持有等使用以外的所有行為，將其與《1925年日內瓦公約》合併來看，全面禁止生化武器一事，至此方才完成。

　　但條約的履行被視為各締約國的責任，也無計畫進行國際性的查察工作。此外，發生大規模傳染病時應採取的措施，對於開發中國家的協助，與世界衛生組織間的互助關係等相關規定，也被認為不夠完善。因此，在日內瓦曾就其強化措施進行討論。

《化學武器禁止條約（Chemical Weapons Convention, CWC）》

　　一如預測，化學武器進展有限，開始有實際進展則是1992年以後的事。但在那之前的數年間，卻發生一些對其造成影響的事件。

　　發生在1980年至1988年間的兩伊戰爭為其中之一。處於劣勢的伊拉克軍隊對伊朗軍隊使用化學武器，蒙受損害的伊朗在1984年向聯合國提出派遣調查團的要求。調查結果證實伊拉克確實使用化學武器。以此為契機，國際間要求禁止化學武器的輿論高漲。為了規範可能做成化學武器的化學原料的出口，西方陣營20國非正式的定期集會，試圖藉此阻止化學武器的開發。1989年1月，各國召開禁止化學武器的巴黎國際會議。同年9月，為了禁止化學武器，澳洲政府也主辦政府與民間的聯合會議。

　　另一方面，美蘇兩國1969年開始就廢止化學武器問題進行協商，但之後卻一直無所進展，後來因為國際間的禁止氛圍濃厚以及蘇聯的變化，終於在1990年6月達成協議。隔年的波斯灣戰爭中，人們重新意識到化學武器的危險性，而此點也提供助力，讓

美國放棄部分安全保障所需的化學武器保有權等，協商環境至此終於完備。1992年，日內瓦裁軍會議開始進行協商，同年通過條約，隔年1月開始進行簽署。1994年7月，條約正式生效。

藉由這一條約，不僅解決《1925年日內瓦公約》規定對象範圍得不夠明確的問題，也全面禁止沙林、VX毒氣等化學武器的開發、生產、持有等。此外，美國及俄國等也被課以義務，原則上在條約開始生效後十年內，兩國必須廢棄全部持有的化學武器。

再者，這一條約具有嚴格的查察機制，這是裁軍條約史上的創舉。生產化學武器的設施無庸贅言，即便是民間工廠或研究單位等，若是其生產或利用可能轉用於化學武器的民生物資時，也被列為檢查的對象，以求貫徹查察工作。[1]

《全面禁止核子試爆條約（Comprehenive Nuclear Test Ban Treaty, CTBT）》

1963年，《禁止部分核子試爆條約》成立，地下以外的核子試爆皆是條約的規範對象。但包含地下核子試爆也在禁止之列的《全面禁止核子試爆條約》卻遲遲毫無進展，理由是時值冷戰時期以及查察不夠確實等。但後來冷戰結束，查察相關技術也提升，相當程度可以探知地下核子試爆。因此，日內瓦裁軍會議自1994年起開始對此進行協商。

經過約2年半的協商，採納各國意見所做成的妥協案終於公佈，其中也包含態度極為慎重的中國在內。此時，除印度外的所有國家都能接受。但印度的反對態度強硬，絕不妥協。如此一

---

[1] 淺田正彥〈化学兵器の禁止〉一文解說甚為精彩。收錄於黑澤滿編，《軍縮問題入門》（東信堂，1999年）。

來，好不容易進展至此的協商，以失敗告終的危險性增加，因此澳洲提案放棄在日內瓦裁軍會議中完成條約的協商，改將事實上已經完成的條約案，提交聯合國大會，而在1996年9月最後終於成功通過。這麼做的原因在於，日內瓦裁軍會議的決定需要全員一致贊成，只要有一國反對即無法成立，因而轉為利用聯合國為多數決這一特性，讓條約得以順利通過。投反對票者僅印度、不丹、利比亞等三國。

　　然而，條約要能生效需獲得44個被認為具有開發核武潛力國家的批准，但直至2009年年底為止還缺9國未完成批准，因此直到2009年底為止條約尚未生效。

　　條約未能生效的主因在於美國。1996年9月，美國柯林頓政府簽署條約，等待國會的批准，但1999年10月參議院否決CTBT批准案。2001年成立的布希政府，從以前開始便以新政府立場，表明不會要求議會批准的方針；在布希政府時代，每當國際間出現這一問題時，美國必定採取反對的態度。正如前述，日本向聯合國大會提出廢除核武決議案時，也遭遇到同樣的情形。

　　但歐巴馬新總統在布拉格（Praha）演說中，對於這個問題則表現極為積極的態度，要求「立即而積極（aggressively）」批准CTBT。雖然自柯林頓總統時代起，美國國會中便是民主黨佔有優勢，但並未達到批准承認所需的三分之二多數，因此何時會被批准，尚不得而知。

相互連結

　　雖說CTBT在日內瓦裁軍會議的最後關頭有功虧一簣之感，但實際上條約幾乎已經完成，因此應該也可以將其視為成功的案

例之一。然而，這卻成為最後的案例，此後日內瓦裁軍會議再也無任何成果。

日內瓦裁軍會議所討論的主要問題有四。

第一，裁減核武。

第二，在廢除核武未實現前，核武國家承諾不以核子武器攻擊非核武國家，這被稱為「消極性安全保障」。因為非核武國家承諾不擁有核子武器，因此可以說是徒手狀態，核武國家不以核子武器攻擊這些國家，是極為自然的事。正如前述，不結盟國家在尋求具有法律約束力的保障時並不成功。裁減核武與消極性安全保障為核武的兩大問題。

第三，《核分裂物減量條約（Fissile Material Cutoff Treaty, FMCT）》。簡單地說，這是禁止生產可能成為核武材料物質的條約。這一禁止措施被認為不僅可以防止擴充核武的軍備競賽，同時對於裁減核武也有效果。

第四，1978年裁軍特別大會討論的《禁止外太空軍備競賽條約（Prohibition of Arm Race in Outer Space, PAROS）》。

在每年的會期之初，日內瓦裁軍會議便會決定該會期的作業計畫，其中也會決定討論這四大問題。具體而言，便是決定其處理的原則，例如關於裁減核武是馬上「開始協商」，而外太空軍備競賽問題則是「進行檢討」等等。因此，日內瓦裁軍會議並非針對各個問題單獨決議，至少有關這四大問題便需同時決定處理。如此一來，原本不相關的四個問題，實際上便被連結在一起，各國的利害關係變得複雜，意見也就難以一致。

再者，全體一致的決議方式也阻礙日內瓦裁軍會議解決問題，因為只要有一國反對，便無法做成決定。

　　這些都是難題，儘管歷經長年討論，但總無法達成共識。2000年的NPT檢討會議中，要求日內瓦裁軍會議能「以五年內締結為目標」，立即開始就FMCT進行協商。但即便如此，日內瓦裁軍會議卻無所動作。其間，各國也曾嘗試過幾個提案，例如2003年有「五大使提案」的妥協案，2007年時有六位議長（僅一年間便有這麼多的議長）花費心思擬定新的妥協案，但最後皆未能成立。

　　在完成CTBT這個最後的實質工作後已歷經十年，日內瓦裁軍會議如果依然持續目前的狀態，有許多人越來越擔心這一機構存在的意義將會遭到質疑。

FMCT與歐巴馬政府

　　歐巴馬政府的成立為這種狀況帶來轉機，得以突破膠著的狀態。在布拉格的演說中，歐巴馬總統提出新方針，要求通過FMCT。在此方針下，美國展開強力外交，終於在日內瓦裁軍會議中，相關的工作日程獲得共識，其中也包含開始協商FMCT，長期陷於膠著狀態的日內瓦裁軍會議看似就要啟動，但在這之後因巴基斯坦對開始協商表示不滿，因而至目前為止協商仍未開始。

　　核子武器直到製造完成為止，必須經歷鈾礦的開採、精煉、濃縮、加工、試驗等複雜的作業。除了禁止這一連串的作業外，NPT連核子武器的開發、取得等皆在禁止之列；CTBT禁止的是進行核子試驗；FMCT則禁止原料的生產。可以說，NPT的禁止是全面性的，相形之下CTBT與FMCT則是禁止個別的行為。對於NPT中的非核武國家而言，這些皆不在預期之中，但對於核武國家以及未加入NPT的國家而言，若持續禁止下去，無論是在維

持核武的性能或增加核武的原料等方，都將無法繼續下去，因而可視之為有助於裁減核武。

　　但這一條約也存在幾個問題。首先是印度、以色列、巴基斯坦等這些未加入NPT國家的動向。條約的內容是透過協商而決定，因此各國如何看待結果，目前尚不清楚，但這些國家若與NPT時相同，未加入新條約時，則條約的意義將大幅降低。

　　其次，在NPT中未被禁止製造核子武器的核武國家，如何面對新條約的協商。核子武器用的核分裂物，不僅能從鈾礦提煉，也可能從那些已經製成核彈頭後又遭廢棄的老舊核子武器中改製而成。因此，FMCT的禁止對象其範圍相當複雜，而核武國家的態度也有可能因為禁止範圍的不同而產生變化。

　　最後一點則是，儘管已經超過FMCT的範疇，但還是將廢除核武、不使用核武等一併「討論」。這麼做將產生一個最根本的問題──這麼做適合嗎？很明顯地，將其連結在一起是個愚蠢的行為，現實的狀況不允許什麼都要，也必須避免因為FMCT而降低對於其他重要問題的關心度。

　　事實上，在討論這些問題前，決定2009年的工作日程一事，已經超過期限。

2010年NPT檢討會議

　　2010年5月，睽違5年後所召開的NPT檢討會議中，因為歐巴馬總統領導下的美國積極參與，成功得出結論（最終文書），對於日內瓦裁軍會議提出種種呼籲，例如有關裁減核武方面是「設置附屬機構」；在消極安全保障上則「以建立有法律約束力的制度（instrument）為目的開始討論」；FMCT方面是「立即開始進

行協商」。因應課題差異，呼籲內容也不盡相同。附屬機構的設置只限於某些特定問題，此時在裁減核武議題方面，即意味著集中審議，但有關其結果卻完全是片空白，或許僅止於討論便告結束。

2005年的NPT檢討會議完全失敗，因此也不需加以比較。就在FMCT的協商再度困難重重時，NPT最終文書作此呼籲，即象徵著國際社會再度對裁軍表現積極態度，因而受到歡迎，但實際上其內容卻僅是2000年協商結果的再確認而已。此外，若進行更仔細的比較時，也會發現其中甚至也包含著不能稱之為再確認的部分。

再者，對於NPT這一決定，以色列、印度、巴基斯坦等非締約國並未參與，以往這些國家對於FMCT等一概採取保守的態度。若考量這些事情時，雖說NPT好不容易做出結論，但日內瓦裁軍會議能夠因應到何種程度，連結問題會不會再度出現等都受到關注。隨著結果的不同，日內瓦裁軍會議的存在意義也可能再度受到質疑。

第四章　核武不擴散體制

歐巴馬總統的強化政策

　　核武不擴散體制隱含問題而應該加以強化，此事可說是國際社會的共識。在布拉格及東京的演說中，歐巴馬總統也曾經強調此事。

　　但儘管說要加以強化，但究竟強化哪部分、如何強化等皆是問題。在因應方法上，雖然歐巴馬總統在演說時曾提及，應強化查察及對於違反規則與無理由脫離條約等的制裁（其用語是「實際且立即令其負起責任（real and immediate consequences）」），但強化核武不擴散體制所需要的卻不止於此。另外，雖然歐巴馬總統有時用「強化NPT」（布拉格演說），有時又用「強化核武不擴散體制」（東京演說）等詞彙，但兩者皆是同一脈絡上的敘述，此處暫且就將「強化NPT」解讀為「強化核武不擴散體制」。嚴格來說，NPT與核武不擴散體制兩者應該加以區別，前者為專有名詞，後者則是抽象名詞；NPT是被期待作為核武不擴散體制而發揮功能的特定條約。

違規與強化檢查

　　因為過去曾有數國發生違反NPT的事例，為了防止核武的擴散，今後也確實有必要強化查察。禁止擁有核武的非核武國家最嚴重的違規情形即是發展核武，而從頭到尾這麼做的僅有北韓。較常發生的狀況是不依國際核能總署的規定進行申告或報告，逐

自推動核武計畫，只是基本上這是技術性問題。

　　除了北韓與伊朗違反NPT外，伊拉克、利比亞及敘利亞等也曾經違反規定，台灣有段時期也有違規的可能性。之後，利比亞與台灣放棄核武計畫並將此事公佈，因此現在已無違規的情形。有關敘利亞的核武開發，雖然還有不清楚的部分，但有可能已經放棄。

　　今後，類似這種違規的危險性依然存在，同時也為了防止問題越發嚴重，有必要強化查察機制。

　　此外，儘管NPT與國際核能總署為不同機構，但國際核能總署會進行查證，以確保履行NPT義務。因此，無論是違反國際核能總署或違反NPT，本書一律將其稱為違反NPT。

何謂違規

　　有關違規認定與處置其實相當麻煩。北韓及中東各國明顯違反NPT。所謂遵守條約，除了應該遵守條約的規定外，同時也包含著遵守在條約運用上的共識。就這點而言，美國也有問題。

　　2000年的檢討會議中，曾對「核武國家明確承諾完成全面廢除核子武器」這一重要事項達成協議。這是以巴西、埃及、愛爾蘭、墨西哥、紐西蘭、南非及瑞典等七國所組成的新議程聯盟（New Agenda Coalition, NAC）所提出的提案為基礎，並獲得通過的所謂「13項實際措施」之一。通過的背景則是因為兩年前印度及巴基斯坦進行核武試爆，因而各國危機意識升高之故。

　　這是NPT史上對於裁減核武最早且具積極性的協議。NPT檢討會議時，美國正值柯林頓政府主政時期，為了讓當時建構中的飛彈防衛網不致受到限制，美國不惜在其他問題上做出相當程度

的讓步，因而一般認為這個方針有助於協議的成立。[1]

總之，2000年的協議非常重要，因為它讓這些過去30年來對於廢棄核武一直未曾明確表態的核武國家做出「明確承諾」。但在實現「明確承諾」後第二年所成立的布希政府，卻拒絕確認這一協議是否依然有效。

在「13項實際措施」中，除「明確承諾」外，其他還有做為裁減核武一環的《削減戰略武器條約 II》的早期生效，以及澈底實施、維持及強化《反彈道飛彈條約（Anti-Ballistic Missile Treaty, ABM）》，還有儘早通過《削減戰略武器條約 III》等。然而，布希政府依2001年底核武戰略重新評估的結果，退出《反彈道飛彈條約》，因此無論是《反彈道飛彈條約》或《削減戰略武器條約 II》等皆遭到廢棄。《削減戰略武器條約 III》的協商也無從開始。如此一來，即使前一年已獲得協議，但卻無法履行。對於13項實際措施為國際間一致同意一事，布希政府拒絕再度確認。因為諸如此類事情的發生，使得布希政府時代曾被稱為裁軍的「寒冬時代」。「明確承諾廢除核武」這一重要的共識，已經被蒙上厚厚一層冰，並被與現實世界隔離。

美國之所以會發生這類問題，一是議會不批准政府簽署的條約；再者為政府政策發生變化，因此也不能完全怪罪美國政府。雖說如此，但很明顯地，美國並不遵守重要的協議事項，儘管只有部分。

美國政府所以只視違反條約的義務為問題，卻對於違反協議一事抱持沉默，可能簽署與批准無法一致有關，然而這卻成為多

---

[1] 登誠一郎〈2000年NPT運用検討会議を振り返る〉（《外交フォーラム》第145號，2000年9月號）。

國間交涉的一大問題。

對於違規的因應

對於發生違規事件，NPT中並無相關規定。因為NPT無法採取任何因應措施，因此在別無選擇的情況下，國際社會僅能決定將案件送交安理會處理。北韓進行第一次及第二次核武試驗時，安理會通過決議譴責北韓，其中也包含制裁在內。具體的制裁內容為禁止各國與北韓進行貿易及交易，其對象則從核武及可能會被利用於飛彈的物資與技術，到範圍廣泛的傳統武器，包含小型武器以外的戰車、大砲、戰鬥機等的進出口。

在現行體制下，上述做法雖有可能，但為真正落實核武不擴散體制，當違規問題無法以協商方式解決，甚至連課以制裁措施（如安理會的決議等）都無法解決時，便需以強制手段來排除。然而，在NPT成立前的裁減核武協商時，此事雖然已經過多次討論，但總是難以獲得共識，因此要想在現行國際秩序下達成此事，恐怕不太可能。

缺乏普遍性

現行核武不擴散體制的最大問題為，若不加入NPT，就能自由開發並擁有核武。

未加入NPT卻擁有核武的國家有以色列、印度及巴基斯坦等國。至於北韓是否將其與上述3國同樣看待，端視其退出NPT是否獲得承認而定，這部分留待後述。

對於是否擁有核武，以色列政府雖然閉口不談，但其持有核武一事已是舉世皆知，甚至有以色列境內從事核武開發的技術人

員暴露內情而入獄。但NPT所認定擁有核武的5國中，以色列並不在其中。這是因為以色列似乎在NPT通過後不久，即進行核武的開發，因此便未加入NPT。

此外，印度及巴基斯坦在發展核武的進度上雖不及以色列，但因為兩國皆想保留將來配備核武的可能性，因此也未加入NPT。換言之，未加入NPT的國家，若不是在NPT通過時配備核武的計畫已在進行，就是想保留未來配備核武的可能性。NPT不能有效地約束那些未加入的國家，其實無足為奇；以如此不完善的NPT做為防止核武擴散體制，即是國際社會的現狀，也只能無奈地接受。

南非也在NPT通過時想保留開發核武的可能性，因此並未加入NPT，此後也實際研發核武，但因為該國的國際環境發生變化，使得核武變得已不再需要，因而放棄開發並加入NPT。此後，南非這一態度也未曾改變，更成為NPT的忠實締約國，但若將此事解釋為是受到NPT的約束，那就過於單純化。雖說假設性推論應該謹慎，但如果與南非相關的國際環境有所變化，導致必須擁有核武時，在條約上要想退出NPT並非不可能。換言之，對於那些曾經決定放棄核武的國家，若達到一定的條件，NPT還是為其留下一條合法擁有核武的道路。

有相當多國家，例如瑞士、瑞典等中立國或包含日本等在內，雖然不像前述四國般明確想保有核武的選擇性，但經過種種考量，直到最後決定放棄開發核武為止，也歷經相當長的時間及過程。因此，在加入NPT時間上，多少有些延遲。這些國家之所以一直是NPT的忠實締約國，其情形與南非相同。換言之，他們決定放棄核武，此後也未曾改變決定，但若是想改變，只要滿足

一定條件，仍然可以達到目的。

　　1960年代時，約有20個國家被認為將來可能發展核武。但因為實際上發展乃至擁有核武者僅有數國，因此多數國家的官方見解為，NPT有效地防止核武的擴散。然而，若仔細檢視各國情形時，這一見解實不無疑問。勿寧是說對於那些決定放棄核武的國家而言，NPT的性質有如俱樂部，可以加入、退出。NPT確實禁止非核國家擁有核武，但這不過是內部的法律規範，也就是說像僅是內規，而決定接受這一內規的國家成為締約國。這種說法也是事實。

北韓的退出有被承認嗎？

　　雖說不能接受這個內規的國家便脫離NPT。亦即，國家退出NPT是可能的，但這也並非意味著可以自由退出。NPT規定退出時所必需滿足的條件為：「條約所規範的相關事項，其所產生的異常狀態被認定已危害到本國的最高利益」（10條）。

　　目前為止，實際上退出並成為問題的僅有北韓。北韓於1985年加入NPT，數年後發生違規問題。其間的經過甚為複雜，國際核能總署基於1992年與北韓所簽訂的保障措施協定所進行的查察，是其涉嫌違規的開端。結果，國際核能總署懷疑北韓違反NPT，乃於隔（1993）年要求進行特別檢察，但遭到北韓拒絕，同年3月平壤宣佈退出NPT。與此同時，基於朝鮮半島非核化宣言，北韓也與南韓進行查察協商，似乎是因為這部分先遭遇挫敗，而後與國際核能總署的協商也宣告決裂。

　　及至1994年，北韓與美國間締結所謂「架構協議（Agreed Framework between the United States of America and the Democratic People's

Republic of Korea）」，其內容包含北韓留在NPT及再度進行查察等。隔（1995）年，設立朝鮮半島能源開發機構（Korean Peninsula Energy Development Organiztion, KEDO），在不涉及核武研發的方法下，透過此機構提供北韓原子爐。因為有這一協議，最少在表面上化解北韓與國際社會的對立，而此後北韓也不再主張要退出NPT。

這一情形維持將近10年，直到2000年時疑慮再起。北韓遭懷疑擬定計畫製造濃縮鈾，以用於開發核武，同時北韓也對當年10月來訪的美國高官明言，其本身並未放棄核武開發計畫。隔月，國際核能總署通過決議，要求北韓立即接受查察，並放棄核武開發計畫，但為北韓拒絕。12月，北韓重啟封閉的核子設施，同時驅離國際核能總署的檢查官；2003年1月，更進一步表明退出NPT，雖然北韓曾於1993年發表退出宣言。對於兩者的關係，北韓解釋道，過去只是「停止運作」，現在則是將停止狀態解除。

對於北韓的退出宣言，多數國家抱持不予承認的態度，但也有些國家認為不得不承認。每次在NPT會議時，都會討論這一問題，但至今尚無結論。

另一方面，即使北韓違反NPT已是非常明確的事實，但國際社會為了不孤立北韓，尤其與韓國、美國、中國、俄羅斯加上日本等六國開始會商。其中，除北韓外，其餘各國皆要求北韓回到NPT。然而，北韓一方面參加六方會談，私下卻進一步進行核子開發；2005年1月宣佈已經開發並擁有核武，隔（2006）年10月舉行第一次核子試爆，2009年5月更進行第二次試爆，接著更宣稱不再參加六方會談。此後，美國與中國亦曾分別與北韓進行協商，但遲遲未見成果。即使有所結論，北韓重回六方會談，一旦發生意見對立時，北韓便會再度脫離，如此一再重複。

正如上述，儘管北韓的退出問題有著複雜的過程，但很顯然地，NPT在結構及實力上已經無法防止核武的擴散。

NPT的修改

如同前述，NPT有其限制，也有缺陷，那麼修改NPT，強化核武不擴散體制，可行嗎？遺憾的是，這也很困難。

迄今為止，各國並未嘗試過修改NPT，但締約當時及1995年無限期延長時的情形，倒是可以做為修改的參考。只是無論哪種情形都極難處理，即便與美國立場相近的西方國家也提出種種疑問，各國內部的意見亦甚為分歧。在無限期延長後，NPT問題更進一步惡化，一旦進行修改，無可避免將出現各種難以解決的問題。

只要想到上述情形，可以預見的是，即便只為了強化NPT而進行修改，都會是個極為困難的工作吧！

第五章　聯合國應有的作為

廢除核武也是聯合國的問題

　　原則上，聯合國是個以維持國際和平與安全為目的的國際機關，但對於核武問題實際上又能做出什麼？從聯合國成立以來，歷經約20年的交涉協商後，這之間所存在的乖離已經完全暴露。更有甚者，自NPT成立後，核武問題的主要交涉舞臺已轉移至此，更令人覺得聯合國所扮演的角色越趨薄弱。但就在NPT明顯呈現侷限性與缺陷的此時，對於核武問題，聯合國本身難道不該再度認真檢討嗎？

　　雖說如此，但最重要的安理會卻有著重大缺陷，而聯合國大會之下負責裁軍與國際安全保障的第一委員會則不斷作出決議，兩者都未能完全發揮功能。因此，若要再度檢討核武問題時，除考量以聯合國的立場應該有何具體作為之外，同時也需決定在什麼場合進行討論。

　　有關裁減核武的具體方案有：（1）全面澈底的裁軍交涉，（2）美俄兩國間有關削減戰略核武的交涉，以及（3）其他（2000年NPT檢討會議時同意的13項措施等）。其中，（3）的部分基本上由NPT或日內瓦裁軍會議等處理；（2）的美俄交涉方面目前為止已獲得一定程度的成果，這個成果是否令人滿意，意見不一，但今後在裁減核武方面，美俄協商應該是個有效的方法。因為削減戰略武器條約得以在2010年成立，即是依據歐巴馬與梅德韋傑夫（Dmitrii Anatolievich Medvedev）的聯合聲明，而這

些皆是在聯合國以外所進行。

　　另一方面，儘管全面澈底的裁軍乃是NPT第6條對於締約國所課以的協商義務，但僅將其視為NPT問題並不適當，因為若僅由締約國間彼此協商，則以色列、印度及巴基斯坦等國將不在其中。至於北韓是否會成為上述三國的同一團體，端視其是否已退出NPT。無論如何，進行全面澈底的裁軍協商時，應該包含所有擁有核武的國家，若部分實際上擁有核武國家未曾參與其中，則不但不適當，也無什麼意義。因此，NPT第6條雖然規定需進行協商，但其場所不應是NPT，而是在聯合國組織下進行。理論上，各國也可以在NPT與聯合國之外的第三場所進行，但如果要新設場所，便需經費，這就顯得有點不切實際。

　　假定全面澈底的裁軍協商要在聯合國進行時，因為安理會或第一委員會都不適合，因此便需要設置特別委員會。過去為了檢討裁減核武的方法，聯合國曾設置「聯合國裁軍委員會」（第一章第二節「回歸到聯合國與裁軍委員會」），如今卻幾乎不見蹤影，完全喪失作用，但與其就這麼置之不理，毫無作用，不如從根本上重新整頓，倒也不失為方法之一。

　　即使新設委員會，數十年前舉行廢核協商及全面澈底裁軍協商時的爭議，例如決定方式、確保澈底查察、違反的防止，及違反狀態的強制排除等問題，無可避免將會再度浮現，而要有心理準備的是，解決這些問題並不容易。雖說如此，若從以下幾點試著進行協商，應該較有意義。

　　（1）冷戰結束已歷經20年，客觀條件已與過去進行協商或
　　　　　NPT成立時大不相同。
　　（2）包含以色列、印度、巴基斯坦及北韓等國在內，除聯

合國以外，各國別無他處可檢討核武問題。

（3）廢除核武乃是國際社會全體的課題。

使用核武的非道德性

不使用核武與廢除核武並列為兩大核武問題。

簡單一句「不使用核武」，依其具體狀況，卻有著不同的意義。例如，同樣不使用核武，若將核武國家與非核武國家做一比較時，核武國家能夠不使用核武，便幾乎具有等同廢核的意義，但這談何容易！

另一方面，在非核武國家方面，因為NPT禁止擁有核武，因此不使用核武可說是自然之事。禁止這些國家擁有核武乃是為了防止核武擴散，並非是讓核武國家擁有軍事上的優勢，但因為NPT之故，結果使得非核武國家的安全單方面受到核武威脅。因此，非核武國家要求核武國家承諾不得進行核武攻擊，也是理所當然之事。若漠視此事，讓核武國家以核武攻擊非核武國家，就如同手腳自由的人攻擊手腳被縛的人一般，應被視為卑劣且「不道德」的行為。

在討論這個問題上，通常將其視為非核武國家的安全保障問題，即非核武國家要求核武國家承諾不得進行核武攻擊（被稱為「消極安全保障」）。這個問題乃是由NPT所引起的，基本上應在NPT的架構下解決，但鑑於歷經長時間問題仍無法解決，且這又是五個核武國家以外的所有國家的安全保障問題時，聯合國應該出面處理。

NPT的消極安全保障

在NPT協商中，雖然未擁有核武國家的安全保障一直是個備受檢討的問題，但終究未將其納入NPT的規定中。NPT是美蘇兩國為了防止核武擴散，採取近乎完美的共同行動所實現的產物，乃是屬於例外的不平等條約。冷戰最盛期，東西兩陣營的不信任感非常強烈，對於可能弱化本身陣營的核武戰力之事，雙方皆是態度消極，因此很難將禁止以核武攻擊非核武國家作為條約的義務。

長期以來，消極安全保障問題幾無進展，但在1995年的延長檢討會議時，儘管只有些微的進展，但總算有所前進。其間各國一致同意：「對於使用核武或威脅使用核武等，應檢討進一步的措施，以保障NPT締約國中非核武國家的安全，這一措施可以採取在國際間具有法律約束力的文書形式。」。若大膽歸納這一段話，即是將會檢討過去非核武國家所要求的具有法律約束力的消極安全保障。

2000年的檢討會議時則有更進一步的發展。關於非核武國家的安全保障，各國達成以下共識：「對於NPT的非核武國家，五大核武國家所承諾的具有法律約束力的消極安全保障，將強化核武不擴散體制」。下述說明雖然稍嫌瑣碎，但「具有法律約束力的消極安全保障，將強化核武不擴散體制」一文，已較五年前「可以採取具有法律約束力的文書形式」，呈現出更加明確的方針。之所以這麼說，乃是因為延長檢討會議中，對於採用具有法律約束力的文書並無任何評價；相反地，2000年的檢討會議卻給予正面的評價，宣稱這一文書「將強化核武不擴散體制」。

2000年的檢討會議時曾預定5年後的會議將會作進一步的檢討，但因為2005年的檢討會議最後澈底失敗，因而無法實現。這是發生在美國布希政府時期的事情。

2010年NPT檢討會議

前面曾經提及，因為歐巴馬政府對於裁軍態度轉為積極，2010年的檢討會議得以成功落幕。至於在消極安全保障的問題上則是：「會議中再度確認並認為，對於使用核武或威脅使用核武等，其唯一且絕對的保障便是全面廢除核武；非核武國家從核武國家處獲得明確且具法律效力的消極安全保障，而消極安全保障能強化核武不擴散體制，非核武國家也對此擁有正當的關心（legitimate interest）」。

前段僅是對裁軍做出理所當然的敘述，後段則是關於消極安全保障的結論。2000年的決議在10年間不被聞問，卻在這次的討論會議中提及消極安全保障能夠強化核武不擴散體制等，並使其再度復活，這點就值得讚許。但相較於2000年決議中清楚直接的說明，2010的決議就較為含蓄間接，而且將消極安全保障視為非核武國家的「正當關心」一事，「正當」一詞雖無不妥，但「關心」這一用語，則令人擔心是否稍嫌薄弱。

此外，2000年的決議中曾預定於2005年時進行具體檢討，2010年的最終文書便是等同於具體檢討的結果。文書中呼籲日內瓦裁軍會議，「以建立具有法律約束力的制度（instrument）為目的開始進行討論」。有關這部分，已於前文中說明（請參考第三章「2010年NPT檢討會議」）。

在消極安全保障方面，今後有必要再強化，首先應該要澈底

再確認2000年的決議。儘管應強化核武不擴散體制一語常被掛在嘴上，但為此又該做些什麼卻不甚明確，因而讓國際社會認識到消極安全保障對此有所幫助，此點即成為重要的事。

核子武器的違法性

在核子武器的使用上，另外還存在著違法性問題。自19世紀末以來，國際社會曾嘗試禁止或限制非人道武器的使用，聯合國也從人道觀點出發，對部分武器作出法律層次的規範。所謂非人道武器，即是「過度」或「無差別」殺傷人的武器，具體上如人員殺傷地雷等便屬此類。然而，核子武器在「過度」且「無差別」殺傷多數市民上，卻是其他武器所無法比擬的，因此即便依照聯合國所設定的基準，核子武器也應該被視為非人道武器而受到規範。

聯合國大會向國際法院詢問核子武器是否違法，而這原本應由非政府組織（Non-Governmental Organization, NGO）所主導。對此詢問，國際法院1996年7月以法院諮詢意見的形式，表示下列意見。首先，以違反《聯合國憲章》所發展的核子武器進行脅迫或直接使用（a threat or use of force by means of nuclear weapons）等皆是違法（上述內容實際上與NPT前文一致，因此全體法官意見一致，這是理所當然的事），「使用核子武器或以此進行脅迫等，一般而言，可說是違反適用於武力衝突的國際法規則，特別是國際人道法規則。但若對照國際法的現狀或法院所能得知的諸要素，當國家處於生存受到威脅的極端自衛狀況時，使用核子武器或以此進行脅迫，其合法與否無法判斷。」[1]對於這部分，法

---

[1] It follows from the above-mentioned requirements that the threat or use of unclear weapons would be contrary to the rules of international law applicable in armed

官們意見分歧，最後投票是八票比七票之差。[2]

有關違法與否，儘管希望諮詢意見中能有更容易理解的說明，但如此卻有可能喪失其間所隱含的解釋空間，因而此處也僅就幾點加以說明。

首先，「一般而言，使用核子武器或以此進行脅迫，是違反國際人道法規則的」，這一判斷為諮詢意見的主要內容，在此可以將其理解為，國際法院認為使用核武乃是違法的事。這樣的判斷應該是基於下列的事實，例如因為核武之故，幾萬甚至幾十萬非戰鬥人員的民間人士人遭到殺害；此外，因為放射線的傷害，存活的受害者也受到長期的折磨等。

第二段文字可以解釋為，「國家處於生存受到威脅的極端狀況時，使用核子武器可能可以獲得認可。」若將第一段與第二段內容結合起來看時，可以如此解讀國際法院的諮詢意見要點，即「使用核子武器或以此進行脅迫等，原則上違法。但當國家處於生存受到威脅的極端狀況時，使用核子武器可能可以獲得認可。」。

有關核子武器的違法性方面，雖說國際法院的諮詢意見具有相當程度的積極性（朝向認定為違法），但若與以聯合國為中心所發展的國際人道法相比，不能不說是仍然不夠完善。以「任意」或「無差別」殺傷人員這一理由，部分武器被視為非人道而遭到禁止，但與這些武器相比較，核子武器則更不應該存在，然

---

conflict, and in particular the elements of fact at its disposal; However the Court cannot conclude definitively whether the threat or use of nuclear weapons would be lawful or unlawful in an extreme circumstance of selfdefence, in which the very survival of a State would be at stake.

[2] 此外，3位法官反對這一判定，並認為使用核武或利用核武作為威脅時，「在任何場合皆是違法（unlawful in all circumstances）。」

而，事實上卻並非如此。因此，有必要努力讓全世界認識到核子武器是多麼不人道，進而確立其違法性。對此，期待聯合國能做出更進一步的貢獻。

北韓的核子武裝

　　對致力於維持國際和平與安全的聯合國而言，對於北韓核子武器的開發與伊朗所進行的鈾濃縮等，當然無法視而不見。

　　北韓進行核武開發與美國有著密切關係。伴隨冷戰結束，國際情勢丕變，北韓陷入瓦解的危機，儘管勉強度過這一危機，迄今仍不能確保其自身安全。其間的過程甚為複雜，北韓一貫主張其自身安全並未受到保障，並且六方會談也認為這一主張合理。換言之，當下美國也接受這個主張。

　　然而，可能威脅北韓的僅有美國。真正的問題是，不僅是北韓，對於任何非核武國家，美國皆有可能進行核武攻擊。因此，在這個情況下，北韓為了保障本身的安全，便有必要擁有核武，並主張只要安全問題不獲得解決，將不會放棄已開發的核武。當然，美國的核武政策並非只針對北韓，但卻造成助長北韓擁有核武的結果。雖然有人認為這不過是北韓的藉口，但北韓認為有必要確保安全（即維持體制）一事，卻是不爭的事實。

　　六方會談已多次嘗試讓北韓放棄核武，結果不但未見成果，其間事態更加惡化。會議開始於2003年夏季，但三年多之後，北韓進行首次核子試爆，2009年則進行第二次。此外，幾乎在同一時間，北韓也進行長程彈道飛彈的試射。

　　參與六方會談的各國想法也不一致。在說服北韓這點上，五個國家意見相同，但那不過是表面上的一致，美國並不承認其威

脅到北韓，因此也不考慮僅以美國之力來解決北韓的核武問題，美國的基本方針自始至終是與其他4國共同合作。但北韓所感到的威脅僅是美國的核武攻擊，而發展核武卻是美國的政策，因此即使其他國家能夠試著從旁說服北韓，實際上卻無任何作用。在這個問題上，即使中國也不過是個配角而已。

若是這麼想，即便六方會談依照過去的方針持續進行，很遺憾地顯然無法獲得任何的結果。因此，聯合國應該檢討六方會談以外的方法。目前為止，聯合國安理會負責處理這一問題，但顯然安理會並非是理想的場所。因為在廢除核武方面，安理會機能不彰，且接踵而至的案件也需依序處理。當然，如果只針對北韓問題設置特別委員會進行討論，能否有所進展，也不無疑問。儘管如此，全面檢討解決北韓問題的方法，仍然值得嘗試。

伊朗的核武開發

經過國際核能總署的查察，在程序上已經證實伊朗的核武開發違反NPT，但伊朗本身卻主張發展核能的目的為和平用途。另一方面，對於伊朗的真正目的為發展核武一事，歐美各國仍無法釋疑。負責與伊朗進行交涉的是安理會五大常任理事國與德國，但進展緩慢。

最主要的問題在於，西方各國與伊朗間已陷入彼此互不信任的狀態。西方各國認為伊朗另有所圖，理由為伊朗長年違反NPT已是明確的事實，並且目前既不打算充分配合國際核能總署的查察，也拒絕履行安理會的決議等。

另一方面，伊朗認為：「違反NPT不應只限定於條約所規定的事項，達成協議的事項也應該包含其中，但此點遭到美國拒

絕，美國只主張對自己有利的事。包含美國在內，西方國家從殖民地時代開始，即為了本身利益而進行反伊朗活動，這一做法迄今未變。默認以色列發展核武，但卻責難其他中東國家違反程序，我們無法接受這種雙重標準。」

這樣的說明，雖然相當程度簡化兩者的主張與看法，但其間所隱含的問題卻極為複雜，可以說NPT所存在的問題已全部包含於其中。例如違規的防止、何謂違規、違規如何糾正以及普遍性等。NPT曾有將中東變為非核武地區的構想，為此也已經做出決議，其中也包含上述這些難題，因此給人一種百貨商場的感覺，而且是間網羅NPT所有問題的百貨商場。這一決議還是包含美國在內的核武國家所提，時間就在1995年的延長、檢討會議時，當時NPT被無限期延長。換言之，在中東國家看來，美國等為了延長NPT，需要中東各國的贊成票時，甚至不惜提出象徵以色列非核化的提案藉以示好；但一旦事情結束，即將伊朗的違反程序視為問題，另一方面卻依然默認以色列的核子武裝。

然而，伊朗還有一個重大問題即是：伊朗不承認以色列的存在。西方各國認為，以色列之所以認為有核子武裝的必要，就是因為大部分的中東國家並不承認以色列的存在之故。但因為西方各國不能以以色列的核子武裝為前提來進行討論，因此便以間接的方式提議，藉此為以色列發聲。亦即，若中東和平得以實現，要將中東設定為非核武地區便相當容易。但伊朗無視於此，甚至還曾挑釁性地說出，要將以色列從這世上消失等之類的話。

從上述看來，伊朗的核武開發及與其有著密不可分關係的中東問題，若單談伊朗違反NPT是不可能解決的，有必要進行全面性檢討。若是如此，對於聯合國五大常任理事國和德國所主導的

與伊朗的交涉，便不能寄予太大期待，或許可以說聯合國才是更適合的場所。

2010年的NPT檢討會中曾達成共識，即聯合國及1995年的中東決議共同提案國贊成在2012年舉辦會議，以實現中東成為非大量破壞武器地區。

當聯合國致力於全面解決中東問題時，美國與歐洲也能同時進行勸說活動或致力於仲介角色。

無論是關於全面澈底裁軍的協商或是北韓問題，雖然建議設置特別委員會進行處理，但這並不意味著設置委員會就一定會有成果。設置特別委員會只是場所的問題，但更基本的問題在於：包含安理會在內，聯合國的機構與機能完全不符合期待。因此，各國不需拘泥於現階段的作法或習慣，而是應該及早籌劃根本解決的方案。

第2部

———

傳統武器

第一章　非人道武器的規範：
《特定傳統武器公約》（CCW）

第一節　提高透明性

要求規範傳統武器的意見高漲

自古以來，人類便有藉由限制武器交易來抑制衝突、減少犧牲者的想法。「死亡商人（Merchant Of Death）」這一詞彙便是對武器交易表達否定的看法。第一次世界大戰後設立的國聯，憲章中強調對於武器彈藥交易的監督。在這一方針下，國聯簽訂《武器交易監督條約》[1]，其中規定禁止將武器售予政府以外的對象。這是考量到將武器售予反政府勢力或恐怖分子有其危險性。

另一方面，儘管與武器種類也有關係，但為了維持治安與國防需求，任何國家皆需要武器，因此武器交易即無法簡單加以限制。即使是國聯時代，在監督武器交易的階段時，尚不難獲得各國的共識，但要再有所進展則非易事。

第二次世界大戰後，國際社會關心的焦點多半是在核武問題上，裁減傳統武器只能隱藏於這一陰影下，長期以來幾乎未曾受到檢討。1963年馬爾他（Republic of Malta）向聯合國大會的提案，是聯合國首度觸及這一問題。其中，馬爾他要求聯合國應決議「檢討傳統武器的出口問題，及制定武器出口的公佈制度」。

---

[1] Hudson, Manley O., "The Progressive Codification of International Law", *The American Journal of International law*, Vol1.20, No.4,1926.

馬爾他的提案不過是要求檢討問題與增加透明性而已，並非提案限制武器，但儘管如此，因為各國尚未有充份的認識，結果提案在未進入實質討論前便被否決。

之後在1968年丹麥也提出決議案，這次則是有關傳統武器的出口規範，但當時多數國家態度消極，最後此案也未能付諸表決。1960年代，聯合國會員國大量增加，新加入的會員國多數為開發中國家，這些國家皆面臨國內外不安定要素，因而都需要取得武器，這也是對於武器規範一事態度消極的原因之一。

1960年代末期的佐藤榮作內閣時，日本確立武器出口三原則，禁止提供武器給衝突地區等；1976年三木武夫內閣時進一步強化這一措施，結果實際上等於禁止提供武器給所有國家及地區。在此方針下，在當年的聯合國大會演說中，日本外務大臣小阪善太郎提及：「在武器出口問題上，取得世界各國共識的可能性，以及尋求立法等時機已經到來。各國在採取自我約束的同時，希望所有會員國能對此問題認真考慮」，從而受到各國的矚目。之後，在第一委員會提出決議案，其內容為：對於規範傳統武器的出口問題，各國分別提出意見及由專家進行實際調查等。對此，多數國家高唱反對意見，最後不得不放棄將決議案付諸表決。

裁軍特別大會中的傳統武器問題

從1978年的裁軍特別大會開始，聯合國才真正就傳統武器問題進行檢討。當時所做的結論（即所謂行動計劃），強調應裁減、廢除傳統武器，此外也明確記載各國應對此採取行動，這些都已在前文中說明。

在先前的籌備委員會中，日本曾以作業文書形式提出意見，致力於喚起國際輿論的重視。其內容為：設置專家團體進行規範出口的相關研究；以暫定措施的方式，要求主要武器出口國自我約束，此外也促進各地區對於這一問題的檢討，而其結果則由聯合國秘書長向聯合國報告等。裁軍特別大會所決定的行動計劃相當程度反映這一意見，因而可以說繼小阪外務大臣的呼籲後，日本在這領域上很早便做出積極的貢獻。

此外，裁軍特別大會中明確規定，規範傳統武器中「過度或無差別殺傷性武器」非常重要，其後聯合國有關傳統武器的檢討，便將重點置於規範這類非人道武器。此後，不僅是這類非人道武器，包含全部傳統武器在內，提高透明性至關重要的認識，並無任何改變。

儘管還需歷經一段時間，上述趨勢最後呈現的結果便是聯合國常規武器登記冊。這一登記制度主要是以大砲、飛彈、戰車、戰鬥機、戰艦等為對象。

聯合國的常規武器登記（United Nations Register of Conventional Arms）

制定這一制度的契機為伊拉克進攻科威特的隔（1991）年發生的波斯灣戰爭。伊拉克的進攻最後雖然以失敗告終，但卻清楚呈現伊拉克自入侵的數年前開始便大量購買武器，進行戰爭準備。波斯灣戰爭結束後不久，日本於同年3月發表〈波斯灣戰爭後的中東政策〉，要求主要武器出口國進行出口管制及自我約束，同時表明態度將提出聯合國武器登記制度案。同年5月，在京都召開的聯合國裁軍會議中，海部俊樹總理表示：日本「將向

聯合國提案，要求做出軍備登記制度的決議」。[2]

　　當時，身為歐洲共同體（EC，現在歐盟EU的前身）主席國的英國也非常關注這一問題，因此為實現登記制度，日本便與歐洲共同體共同在聯合國提案並進行推動。北約在1990年與華沙公約組織間達成《歐洲傳統武力條約（Treaty on Conventional Armed Forces in Europe, CFE Treaty）》，剛剛在傳統武器方面取得東西平衡。該條約在2007年7月再度成為話題，起因為俄羅斯不滿美國正進行的飛彈防衛系統，因此單方面終止履約義務。

　　對此提案，開始時不少國家反對或態度消極，但日本及歐洲共同體的遊說奏效，最後以壓倒性多數通過決議。投票結果為：150票贊成，無反對票，2票棄權（伊拉克與古巴）。

　　武器登記自1992年開始，分為戰車、裝甲車、火炮、戰鬥機、攻擊用直升機、軍艦及飛彈等7類。具體的登記內容為，各類武器一年中的進出口量，進口國及出口國名。另外，該制度也鼓勵各國登記本國所擁有的武器、國內生產情形、相關政策等。

　　參加這一制度並進行登記的國家年年增加，至2008年1月為止，有110國以上至少登記過一次。中東各國原本以以色列擁有核武等為理由，採取拒絕參加的態度，但2000年時突然有11國登記。

　　對於這一制度美國態度非常積極。美國約佔全世界武器出口的一半，一般認為，若美國登記，儘管進口國不登記，其實際情形也能得知，因此進口國也將進行登記。

　　1996年份的報告是中國最後一次提出的報告，但2007年8月

---

[2] 日本国際問題研究所・軍縮・不拡散センター，「堂之脇光朗の講演録」2004年。

中國提出聯合國軍事支出報告年度報告的同時，也提出登記制度的報告，這已經往前跨出一步。今後也期待非洲、中東各國等參加率較低國家能積極參與。

第二節　國際人道法的強化

國際人道法的強化

在聯合國裁軍特別大會前，以紅十字國際委員會等為主，在日內瓦開始出現強化國際人道法的行動。此處所謂國際人道法是指《1949年日內瓦公約》，即第二次世界大戰後不久，1949年所簽署有關俘虜的人道待遇及民間人士的保護等四項公約。其中，任何公約都以國際衝突為設想對象，至於國內衝突方面，僅有特殊情形才會予以保護。例如，在國內衝突中遭逮捕的人，可由紅十字國際委員會假借某些理由，派遣人員就其受到對待情形進行調查，但條約上也允許該國政府可以以國內問題為由，拒絕協助調查。此外，「civilian」一詞通常被譯為「平民」，本書則譯為「民間人士」。

但第二次世界大戰後所發生的諸多衝突都具有下述特徵，即有八成可視為國內衝突，或是牽涉國內衝突的國際衝突，如韓戰、中東戰爭、奈及利亞衝突、剛果動亂、越戰等。面對這些情形，如果僅將國際衝突視為保護對象，將無法挽救眾多的犧牲者。

另一方面，因為武器殺傷力及破壞力越來越強，為強化對於犧牲者的保護，遂產生應規範武器的想法。例如，越戰時開始使用的M16步槍，一旦被其擊中，所造成的傷口異常巨大，此事便

是由進行調查的美國醫師所發現。儘管從人道觀點出發，基於強化保護武力衝突中的犧牲者這一想法，武器規範開始進行討論，但過去的人道法（即《1949年日內瓦公約》），乃是從人道對待的角度，嘗試保護俘虜及民間人士。另一方面，武器規範主要著眼於武器，藉由規範殺傷力較強的武器，以保護犧牲者。一般區分是前者為國際人道法問題，後者則是裁軍問題。

紅十字會與瑞士的貢獻

此處以紅十字國際委員會為中心，敘述其在強化國際人道法上所進行的檢討過程。儘管稍嫌瑣碎繁雜，但卻有助於理解紅十字會的活動。

1968年，德黑蘭所召開的世界人權會議中，武力衝突下的人權保護被視為重要課題而受到注目，並做成決議，要求聯合國就增添追加規則一事進行調查，其中包含讓國際人道法更能廣泛應用，以及修改部分規則等。換言之，即是要求針對現行國際人道法應否修改一事進行檢討。以此為契機，1971年及1972年，紅十字國際委員會召開專家會議，再次確認國際人道法適用於國際武力衝突與其發展。當時，多數意見認為不應將規範擴大到國內衝突，同時也無修改的必要。因此，表面上將其限定在「國際武力衝突」，此外也不能不提及「再次確認國際人道法與其發展」，但重點當然在「發展」兩字。

參加會議者除專家外，許多NGO組織也參加。會議進行甚為順利。隔（1973）年，為了制定能夠適用國際衝突及非國際衝突的新規則，紅十字國際委員會擬定兩份議定書案，試圖追加在《1949年日內瓦公約》上，並提供給各國政府，要求進行檢討。

在日本，對於紅十字會的活動印象，多半是災難救助等。但從紅十字會的起源過程來看，顯然紅十字會最早的活動乃是為了保護戰爭中被犧牲的眾多死傷者而開始，其起源則是19世紀中葉在北義大利的蘇法利諾（Solferino）村所發生的奧地利與義大利間的戰爭（當時義大利尚未統一，此處指的是薩丁尼亞王國）。因此，紅十字會的主要任務便是保護在武力衝突中的犧牲者，而《1949年日內瓦公約》即成為這類紅十字會活動的法源基礎。

議定書案主要是保護俘虜及民間人士的條約，因此它是以追加在《1949年日內瓦公約》的方式來擬定。換言之，乃是從保護「人」這一觀點出發來強化規範，紅十字國際委員會所召開的專家會議（特別是第二次會議）中，多數意見認為，無論是保護士兵或民間人士，都有必要對武器進行規範，但從這一觀點所進行的檢討卻還不充分。特別是在這領域中扮演主導性角色的瑞典，以及墨西哥、南斯拉夫、奧地利、埃及、荷蘭與瑞士等國。

就在紅十字國際委員會進行作業的同時，聯合國本身也在持續進行檢討，有意見認為，為了強化人道法，還是有必要加強武器的規範。1972年的聯合國大會中，除了日內瓦專家會議所檢討的問題外，通過對於民間人士或戰鬥要員不加區分的決議，也決定應檢討是否禁止使用任意進行攻擊的武器，以及可能帶來不必要痛苦的武器等。

1973年德黑蘭所召開的第二十二次紅十字國際會議（紅十字運動的最高審議機構，紅十字國際委員會也是參加機關之一）中，為了強化國際人道法，通過兩份追加議定書；同時，因為主張強化武器規範的意見甚強，因此要求紅十字國際委員會再度召開專家會議，對此進行檢討。就紅十字國際委員會而言，為強化

國際人道法，雖然考慮採用這兩份議定書，但僅是如此尚嫌不足，因而進行追加作業。對此，多數意見認為，這已經超出紅十字國際委員會的角色功能，乃是武器的規範，屬於裁軍範疇，應該交付政府間會議（下段說明）。

但紅十字國際委員會迅速採取措施，於1973年召開專家會議。審議的結果，將下列五類被列為規範對象，認為有檢討的必要，因而提交政府間會議。

(1) 燃燒型武器：這類武器的高溫火焰有如燃燒彈，能燃燒物體。

(2) 時間差武器：這類武器落地時並不立即爆炸，需經過一段時間。

(3) 爆裂性武器：這類武器藉由爆裂，將破片，甚至將「母子彈」等散發開來。

(4) 小口徑槍

(5) 雷射武器等新型武器

強化人道法的外交會議

基於紅十字國際委員會的要求，1974年瑞士政府在日內瓦召開政府間外交會議，以強化國際人道法。主要議題為追加兩份議定書與強化武器規範，對於後者責另外設置武器問題特別委員會進行審議。

在內容的討論上，對於強化規範方面，首先檢討的是關鍵性詞彙的概念界定，例如「違法性」、「過度痛苦」、「無差別」等。但隨後認為要將這些詞彙做一般性定義有其困難，因此決定與其如此不如討論特定武器的規範較有意義。

此次討論之所以沒有進展，其背後因素為各方意見的對立。
一是以美國為首的西方國家認為應該強化人道規範；一是武器大
國等對於強化武器規範抱持警戒態度。此外，開發中國家間也出
現意見的對立，或者想減少犧牲者，或者認為要解決紛爭需得進
口武器等。但無論那方面，要獲得一致意見皆有困難。此外，雙
方的討論範圍也有所擴大，富國與窮國間的對立態勢也屢屢出
現。簡言之，即是因為缺乏經費，要防止犧牲者的增加有其困
難。蘇聯雖是武器生產國，但基於政治考量，傾向於贊同開發中
國家的意見。因為出現這些狀況，特別委員會的審議一開始便不
是很順暢。

外交會議於1975、1976、1977年每年召開，持續討論強化武
器的規範。在1977年最後一次的會議中，各國發現很難將兩份追
加議定書放入會議的結論，因而認為較好的方式應是將此問題與
《1949年日內瓦公約》分開處理，另以其他方法繼續檢討，因而
通過決議，要求聯合國應針對本問題召開國際會議。如此一來，
超過十年持續以日內瓦為中心而進行的強化國際人道法作業至此
告一段落，而規範武器的目的則企圖在裁軍的領域中達成。

正如前述，基於這一要求，1978年的裁軍特別大會中，便
針對非人道武器的規範進行檢討，隔年召開會議，會議名稱全
文為「有關禁用或限制會造成過度傷害，或被認為具有無差別
波及效果的傳統武器的聯合國會議（Conference on Prohibitions
or Restrictions on the Use of Certain Conventional Weapons which
May Be Deemed to Be Excessively Injurious or to Have Indiscriminate
Effects）」。審議曾一度中斷，但1980年再度召開的討論會議
上，則通過與此相關的條約。

第三節　《特定傳統武器公約》的原型

《大公約（雨傘條約，umbrella convention）》

條約名稱直接來自會議名稱，為Convention on Prohibitions or Restrictions on the Use of Certain Conventional Weapons which May Be Deemed to Be Excessively Injurious or to Have Indiscriminate Effects，略稱為CCW，於1983年生效。

條約本文僅規定一般事項，如適用範圍、生效、修改等，對於武器的具體規範則記載在附屬的議定書上。這類條約也被稱為「雨傘條約」。之所以被如此稱呼，乃是因為本文就像傘，其下則懸掛著數個個別通過的議定書。條約中提及的三種武器分別是「利用無法檢測出的破片所做成的武器」、「地雷、詭雷（Booby trap）」（【譯註】如食物、玩具等外表看來不具傷害性的東西，其內部則放置爆裂物）以及「燃燒型武器」等，其相關規範分別記載在第一、第二及第三議定書中。但正如前述，在檢討如何強化國際人道法時，一般都認為需要對更多的武器進行規範。因此，儘管條約通過時，各國僅能就三份議定書進行檢討，但考量將來可能修改條約，或者有必要對更多武器加以規範等，便在因應方式及手續方面，做出某些規定（第8條）。事實上，條約成立後又新增幾項決議，形成在雨傘主幹下又掛上新的傘骨。

有關這一條約的意義方面，成立時所達成的武器規範僅有上述三項，而且內容也相當程度被稀釋，因此多數並未給予太高的評價。但儘管如此，這一條約卻是具有歷史性的劃時代意義。正

如前述，雖然第二次世界大戰後不久聯合國即設置傳統武器委員會，但很快便與原子能委員會合併，此後在傳統武器方面並無太大進展。就在聯合國成立經過20年後，國際社會終於將關心焦點轉向傳統武器問題，聯合國首次通過規範傳統武器的條約。自條約簽訂以來，傳統武器的規範成為聯合國的重要議題，經常成為討論的對象，並追加數個新的決議。此外，各國也新簽署部分從這一條約所衍生的新條約。在規範傳統武器方面，CCW可以說現在仍然扮演著重要的角色。

「利用無法檢測出的破片所做成的武器」（第一議定書）

基本上，三份議定書的規範內容並不一致。第一議定書為「利用無法檢測出的破片所做成的武器」；第二議定書為「地雷、詭雷」；第三議定書為「燃燒型武器」。但其中完全禁止使用者僅有第一議定書，第二與第三議定書則只限某些特定場合才禁止使用，整體而言為限制使用。這也是CCW從一開始便被認為將來有必要再檢討的原因。

這三份議定書分別僅是各種大問題中的一小部分獲得共識而已。首先，爆裂性武器有數種，最近一致同意禁止的集束彈（Cluster Bomb）也是其中之一。所謂爆裂性武器即是著地後或將著地時，可能爆炸、破裂並發散危險物質的武器。第一議定書規定，禁止使用爆炸後發散可能殘留體內而連以X光線也無法檢出的小碎片的爆裂性武器。這一規定之所以沒有遇到太大問題而獲得同意，主要是因為這類武器被認為不具太高軍事價值，但也有人認為現實上這類武器並不存在。

「地雷、詭雷（Booby trap）」（第二議定書）

地雷也有許多種，大致上可分為人員殺傷、對車輛、對船艦等。以船艦為對象者不稱為「地雷」，稱之為「水雷」或「機雷」，但在經由接觸等導致爆炸這點的性質相同。第二議定書所規範的地雷是以民間人士為對象的地雷，或者雖然以軍人為對象，但若可能波及到民間人士的場所或狀況時也禁止使用。此外，即使在軍事設施附近，也禁止在民間人士附近使用，若不得已時，需透過警告標誌、警戒、圈圍等告知危險，以確保安全。另外，第二議定書也規定，需記錄地雷的鋪設場所，衝突結束後需提供紀錄等（第3、4、5條）。

此外，對於由飛機等自空中散佈的地雷，即所謂遠隔散佈型地雷，後來也加以嚴格規範。然而，此後民間人士的地雷受害事件依然層出不窮，因而儘管僅以人員殺傷地雷為對象，但全面禁止的一大運動就此展開。

詭雷方面，其規範也與地雷相同。此外，也詳列不得藏匿武器的場所，例如國際間所承認的徽章（如紅十字徽章），或是醫療設施、玩具、食物、歷史遺跡、信仰對象等等（第6條）。

乍看之下，這些武器似乎並無危險性，或者從表面上完全無法看出，但卻會突然進行攻擊，即所謂藉由欺騙而進行攻擊的武器，應該將其稱為欺瞞性武器或卑鄙武器。專家檢討的結果認為，若從上述觀點來看，時間差武器也應該列入規範對象，並將其加入名單中，但問題的焦點最後還是集中在地雷及詭雷上。

「燃燒型武器」（第三議定書）

有關燃燒型武器方面，第二次世界大戰時這類武器曾用於東京及德勒斯登的大空襲中，造成包含數萬人民間人士死亡的重大犧牲。鑒於這一經驗，有人主張應該禁止這類武器；但另一方面，也有意見認為，在軍事作戰時燃燒型武器對於戰壕及戰車等極為有效，問題在於使用方法，鎖定標的物加以攻擊並非不可能，因此不能將其完全排除。兩方意見對立，很難採用任何一方的意見作為結論，最後達成的規則是，首先禁止以民間人士為對象，其次為攻擊軍事設施時，若有可能波及民間人士，也禁止使用（第2條）。

油氣彈（Fuel-Air Explosive Bomb）

燃燒型武器中有種名為油氣彈的恐怖危險武器。其原本名稱為燃料空氣炸彈，或者簡稱為油氣彈，最初藉由爆炸將高度可燃性液體、瓦斯、粉末等散佈到空中，然後這些物質與空氣中的氧氣結合產生爆炸，具巨大破壞力的熱波，瞬間擴散。因其構造近似核子武器，因此有時也被稱為小型核子武器。因為利用空氣之故，炸彈的重量得以較輕，被認為效率較好。

1960年代初期美國海軍開發出油氣彈，蘇聯軍隊也於1973年進行實驗。1980年代開發出35公斤重的油氣彈，其所具有的破壞力則是能將直徑約20公尺範圍內，99%的人全部殺害。之後，炸彈本身進一步巨大化，據稱現在已有破壞範圍能達到直徑500公尺的炸彈。

這種炸彈原本是為了除去地雷而開發、使用，但之後卻開發

出僅遇到熱波不會爆炸的地雷；同時，原本應是對物的武器也被拿來作為對人武器使用。油氣彈不僅破壞效率極高，同時還有軍事上的優點，即可以全面性攻擊隱藏於戰壕等的士兵。但炸彈的受害者則是肺及呼吸系統受到破壞，因劇痛而極度痛苦，並且痛苦將持續30分鐘，乃是一種恐怖的非人道武器。據稱，越戰後期南越軍隊曾用於北越軍隊身上，許多北越士兵被發現時屍體上並無致命外傷，但其狀態卻是嘴巴張開，手放在喉嚨處。

蘇聯軍隊被認為曾經在阿富汗實際使用油氣彈。此外，中東地區也一度盛傳使用過油氣彈。正因為破壞力強、效率高，因此油氣彈的擴散程度也相當迅速。

早在CCW聯合國會議的前一年，即1978年所召開的準備會議中已經開始討論這一問題。討論到如何限制其使用為止，意見還算容易達到一致。但也有多數意見認為，對於這類炸彈僅是限制使用還不夠，只要這類炸彈存在，受害便無法根絕，但擁有國卻總不願意接受全面禁止。

第四節　《特定傳統武器公約》的發展

雷射武器（第四議定書）

雷射光廣泛使用於軍事及非軍事的目的上，在非軍事目的的日常生活方面，更是扮演著不可或缺的角色，例如IT、醫療、工業、運輸等。很早以前便開發出利用雷射光的工具，但因使用方法等可瞬間令人眼盲，因此令人認識到這工具所帶來的危險性。

如前所述，為強化國際人道法而召開的專家會議中，曾經對利用雷射光的武器進行檢討，這一問題也成為外交會議的主要議

題，但限制對象卻非所有利用雷射光的機器，問題在於工具等。原本有益的東西卻遭到濫用，儘管認為有必要加以限制，但無論如何，僅是使用方法的限制，而多數認為藉由現行的國際人道法也能加以規範，因此不需要也不應該對此機器加以新的限制。因而到1980年代為止，並未獲得新的結論。

但CCW成立後，非軍事用雷射光的使用持續進行，與此同時，作為攻擊用武器的研發也在進行中，特別是自1990年前後開始，當為實用化進行實驗後，其危險性也再度受到注目，特別是考慮到可能遭到恐怖份子濫用，因而在1995年CCW檢討會議再度召開時達成決議，通過第四議定書，防止使用雷射光的機器遭到濫用，隔年生效。美國也於1999年加以批准。

議定書中規定，無論是其原本或次要的機能，禁止使用具有令人盲目作用的雷射光武器，同時也禁止將武器提供給他國或非政府主體（第1條）。此外，議定書並附加義務，為了避免令人眼盲，使用雷射光機器時應盡最大可能性加以留意（第2條）。後者的規定主要是為防止誤用機器，以致傷害眼睛。

此後，在雷射武器方面，曾有報導指出美國正在開發戰鬥機能搭載的強力雷射武器。[3]這類戰鬥機搭載的武器，其攻擊的對象不僅是敵人的飛機，也包含戰車等地上目標在內，因為這樣的武器使得民間人士也暴露在危險中，遂興起反對運動。但使用雷射光的武器，其研究現在似乎仍在進行中。

---

[3] 2002年7月號《ニュー・サイエンティスト》。

戰爭遺留之未爆彈（Explosive Remnants of War, ERW）的受害問題

一聽到「戰爭遺留之未爆彈」時，或許會興趣大減。戰爭遺留之未爆彈，英文為Explosive Remnants of War，取其字首，簡稱為ERW。若譯成日語（「爆發性戰爭殘存物」）時，僅從字面上並不容易理解，簡單地說，就是「未爆彈」。

因為ERW常隱藏於地下，因而與地雷有類似狀況，但原則上地雷埋設於特定場所，並會將場所加以記錄；相形之下，ERW以炸彈方式被投下，但因地面的狀況等種種因素，導致未能爆炸。類似這種雖然被投下但未爆炸者，便被稱為「未爆彈（unexploded ordnance, UXO）」。另一方面，也有未被使用的炸彈，本來應該加以處理，卻因為某些原因導致去向不明，繼而被發現的事例。這類炸彈被稱為「未使用彈（abandoned explosive ordnance, AXO）」。

即便現在，仍有許多國家深受ERW之害。寮國自1973年以來有1萬1千人受ERW之害而死亡或受傷。第二次世界大戰後的40年間，波蘭必需除去或處理7千4百萬個ERW。迄今為止，俄羅斯、烏克蘭、白俄羅斯等每年都會發現、處理許多第二次世界大戰所遺留的ERW。2009年發表獨立宣言的科索沃，因為塞爾維亞人與阿爾巴尼亞人間自1997年開始發生武力衝突，1999年受到北約空襲轟炸，結果留下許多地雷與ERW，當地居民因而深受其害。又因為去除地雷的作業持續進行，更提高ERW的受害比例，從2001年到2004年間，ERW的受害比例約占整體傷亡總數的80%。

另一方面，現在也有不少國家或地區，同時存在著地雷與

ERW，其中最具代表性的例子便是阿富汗。蘇聯於1979年到1989年間入侵阿富汗，與反對勢力「聖戰士」發生戰鬥。自蘇聯撤退後，阿富汗在1990年代進入內戰狀態，接著2001年後塔利班又與各國發生戰爭，塔利班政權雖然迅速瓦解，但塔利班與各國間的戰事卻並未止息。

　　儘管戰爭斷斷續續進行，但因為戰亂持續30年以上，全國各地因而遭到地雷與ERW的汙染，受害事件層出不窮。地雷包含人員傷害地雷與對車輛地雷；除了未爆彈外，ERW也包含砲彈、手榴彈等。其中，受害特別嚴重的是集束彈（cluster bomb，俗稱子母彈）爆炸所散開的「母子彈」。這些各式各樣的地雷與ERW共同存在於阿富汗，根本無法區別。

ERW問題的處理（第五議定書）

　　地雷埋設於特定場所，而場所位於何處多數皆能掌握，因此戰鬥狀態結束後，便將這些場所劃為危險區域，採取預防措施，以防止人員進入，並於準備完成後，有計畫地進行去除作業。

　　另一方面，ERW存在的場所、區域等，無論是當地居民或政府皆對其一無所知，多半因為某些因素才發現，進而成為問題。此外，ERW多數不會因為接觸而爆炸，大半是因為建築工事，或進行農耕翻深泥土等時才被發現，因此要發現並不容易。因為ERW的這一特性，處理此問題時，便不能不對症下藥。此外，其處理大多委由所在國的員警或軍隊來進行，這是考量到造成ERW的特性而決定的。因為進行空襲的國家大都是其他國家，這些國家並非有意製造ERW，也不可能只為了不知何時會被發現的ERW而隨時出動。

但正如全面廢除人員殺傷地雷這一劃時代的決議成立（第二章）後，可能威脅到居民生活，並且妨害協助復興的NGO活動等問題的處理上皆有所進展，因此越來越多意見認為不能將ERW問題置之無論，遂在2001年CCW第二次檢討會議時，決定先設置專家會議進行檢討，並於2年後通過新的決議，這便是CCW第五議定書。

具體而言，當發現ERW時，所在國有責任要加以去除或處理；同時也確認幾項原則，例如區隔出具有實質危險的場所、進行ERW的去除或處理等。此外，若有可能，使用炸彈等造成ERW原因的國家應提供技術、資金、物資或人員等的協助（第3條第1及第2項）。

有著ERW的國家可以向其他國家、非政府組織（NGO等）或國際機關等尋求協助，而處於協助立場的國家須因應需要給予最大的協助（第7條第1及第2項）。另外，這類協助也能透過聯合國、紅十字組織（紅十字國際委員會或各國的紅十字會等）或NGO等來進行，其細節也有相關的規定（第8條）。

CCW在國內衝突中的適用問題（修正第1條）

過去以來，CCW的適用範圍僅限於國際衝突，[4]至於將其適用範圍擴大至國內衝突，也是CCW第二次檢討會議的成果。

無論是類似地雷這種欺瞞性武器或燃燒型武器，若使用於國內衝突時，對於民間人士將造成巨大傷害，而國際間也很早便認識到，要想強化國際人道法，沒有理由僅將限制侷限於國際

---

[4] 聯合國憲章第2條第7項強調禁止干涉內政這一原則，這一條也被視為降低憲章的價值。

衝突。正如前述，在1970年代的專家會議及外交會議時曾對此問題進行討論。但對於CCW的規範適用於國內衝突一事，有著國內衝突問題的開發中國家卻是態度消極，儘管《1949年日內瓦公約》修正後（追加議定書），從保護「人」的觀點出發，範圍已能及於國內衝突，但規範武器的CCW適用於規範國內衝突一事，卻一直難以獲得共識。

那些有著國內衝突問題的國家所擔心的是，若國內衝突適用CCW，使用的武器種類一旦受限時，政府在處理上即可能產生問題。此外，在與國內反政府勢力的關係上，若適用CCW時，對於政府與非合法存在的反政府勢力間的關係也可能產生惡劣影響。例如，政府方面擔心，若有反政府勢力批評政府使用被禁止的武器並依條約尋求解決，而CCW又接受時，則有可能形成國際間認可這一反政府勢力具有一定地位。

只是進入1990年代後，國際間出現不少非政府主體適用條約的實例。1996年，有關地雷的CCW第二議定書進行修改，修改後的第二議定書即適用於國內衝突。2年後，《羅馬規約》簽訂，決議設立國際刑事法院，其中也同意適用於國內衝突。接著，1999年有關文化財產權保護的海牙公約第二議定書中也有同樣的規定。修改後的CCW第二議定書規定，介入締約國國內事務時不得引用，即便適用締約國以外的主體，也不影響其地位（修改後議定書第1條第5項及第6項）。此外，其他條約也都訂定同樣的內容。如此一來，有著國內衝突問題的國家，其擔心幾乎都得以消除。

2000年，美國一提出內容為CCW也適用於非國際衝突的條約案時，贊成國家陸續出現，隔年中更獲得廣泛的支持。此時，

對於CCW也適用於國內衝突一事，一般都已經理解到，無論是反政府勢力等的地位或政府政策等，皆不會有任何的影響，開發中國家的擔憂得以消除，只是CCW預測將來議定書可能會再增加，新決議的議定書是否應該適用於國內衝突一事，各國意見卻不一致。西方國家主張，新的議定書沒有理由需做特別處理，應該自動適用於國內衝突；但中國、俄羅斯、巴基斯坦等則採取消極態度，認為若野心太大便難以通過，結果這部分並無法獲得共識。

在修正CCW一事獲得共識後，可以採用幾種方式進行修正，如修正條約本文，重新擬定有關適用範圍的議定書，或對於個別議定書一份一份地加以修正等。結果，修改本文1個條文乃是最有效率，並且對新加入國也較為方便，因而決定加以採用。

第二章　全面禁止人員殺傷地雷：《渥太華條約》

第一節　《特定傳統武器公約》強化地雷的規範

突破CCW界限的《渥太華條約》與奧斯陸條約

　　因為CCW的規範強化不夠完善，有些國家便退出CCW，另行簽署《渥太華條約》與奧斯陸條約。前者為全面禁止人員殺傷地雷條約；後者則是禁止集束彈的使用、開發、生產等。日本也在歷經曲折過程之後加入兩條約。

　　因為大量擁有並使用地雷與集束彈等的軍事大國並未加入，因而這些條約具有強烈的同志結盟性格。儘管這是事實，但一般而言，是否加入條約乃是主權國家的單獨決定，因此無論任何條約或多或少都具有這樣的性格，即便是為了防止核武擴散所簽訂的NPT也是如此。因此，吾人不能以軍事大國都未加入《渥太華條約》與奧斯陸條約為理由，便認為其缺乏實質意義。此外，即使條約成立時未加入的國家，日後也有可能加入。事實上，《渥太華條約》本身即具有這樣的可能性。

　　除了《渥太華條約》與奧斯陸條約外，規範人員殺傷地雷與集束彈的條約還有CCW，兩者皆加入的國家理應遵照各個條約的規範，但實際上卻是遵照規範較嚴格的一方。

嚴重的地雷傷害與國際反地雷組織（ICBL）

　　1980年代末期到1990年代間，因冷戰結束，世界政治情勢發生劇烈轉變。在亞洲，1989年越南軍隊撤出柬埔寨，1991年和平協定成立；與此同時，在阿富汗，蘇聯軍隊撤退，接著內戰結束等，世界各地長年持續的對立與衝突逐漸沉寂。其結果是，了解到世界各地先前因為處於激烈敵對關係的陰影而發生嚴重的人道問題；或者雖然了解卻無法有所行動的狀況發生改變，因為制約行動的因素減少，使各國轉而強烈關心人道問題。

　　最典型的例子便是對於地雷犧牲者的救濟與受害的防止。許多農民及小孩因地雷而犧牲，或是喪失生命，或是手腳傷殘等，從而陷入悲慘的情況。就人道觀點而言，這當然是個大問題。另外，國際社會要想推動復興計畫，殘存的地雷也成為障礙。就這點來說，拆除地雷即是個緊要課題。然而，在地雷問題方面，儘管CCW第二議定書已有相關規定，但內容並不夠完善，對於防止受害並無太大作用，因而一般認為有必要修改CCW第二議定書。

　　被害國與援助提供國政府當然體認到這是個嚴重問題，但在發出強烈警示上，NGO與媒體卻扮演著重要的角色，因為它們廣泛地向全世界傳達地雷帶來的傷害，並敦促國際社會應儘早採取行動。若非如此，全面禁止地雷運動不會大力被推動，或者說即便被推動也會相當程度的延遲。

　　在地雷對策上，扮演先驅角色的是美國越戰退伍軍人基金會（Vietnam Veterans of America Foundation, VVAF）與國際醫療組織（Medico International, MI，德國的非政府組織）等。美國越戰

退伍軍人基金會的創立者穆勒（Muller）本身便是地雷受害者，儘管他已經親身體驗那種痛苦，但再度受到地雷所帶來殘酷傷害的衝擊，卻是在訪問柬埔寨時，他因而向全世界大聲疾呼，應儘早採取措施。對於他們的主張產生共鳴者逐漸增加。1992年，數個NGO組織加入這兩大團體，遂於紐約成立國際反地雷組織（International Campaign to Ban Landmines, ICBL）。國際性全面禁止地雷運動就此展開。

此外，地雷分為人員殺傷地雷與對車輛地雷兩種。前者若是遭人觸及或僅是腳踏便會爆炸；至於後者，若僅是前述動作並不會爆炸，它被設計成要有相當的重量（例如車輛等）加諸其上時才會爆炸。不只是人員殺傷地雷，對車輛地雷也會使進行復興事業所使用的車輛爆炸，因而從保護民間人士的觀點來看，也有必要強化其對策。但各國從防衛觀點出發，高度肯定對車輛地雷有其必要性，因此不能將其與人員殺傷地雷作同樣的處理。有關對車輛地雷部分，將於本章最後進行說明。

另外，CCW第二議定書則規範民間人士的受害問題，而不問其為何種地雷。

1995年CCW檢討會議

從殖民地時代起便與柬埔寨關係密切的法國，1993年總統密特朗訪問金邊時表明，為了強化地雷規範，將籲請各國召開CCW檢討會議。召開CCW檢討會議主要是想強化第二議定書的內容。關於密特朗總統作此呼籲的背景，被認為是來自於美國參議院議員的勸說，因為美國國會也關注此一問題。在聯合國方面，1994年阿南秘書長也表明想法，認為應全面禁止人員殺傷地

雷；美國柯林頓總統也發表態度積極的演說，主張應在適當時機實現禁止人員殺傷地雷。

1995年，比利時通過禁止人員殺傷地雷的製造、使用、出口、移讓等的法令。儘管這只是比利時的國內法，但卻是世界首次的立法，對於促進國際性的行動具有良好的刺激效果。

同年9月，在維也納召開CCW檢討會議。其間，無論是贊成或反對乃至態度消極的國家等，皆參加全面禁止人員殺傷地雷會議，同時許多NGO組織也以觀察員身分出席。雖說是觀察員身分，但在會議召開期間，NGO舉辦各種活動與展覽，對於各國代表進行遊說工作。部分國家已經傾向全面禁止，但美國方面則出現困難，儘管國會、NGO等事前已向政府施加強大壓力，要求政府積極因應，但因為國防部強力反對，對於全面禁止人員殺傷地雷一事，態度非常消極。結果，因各國意見無法達成一致，會議因而休會。此時，支持全面禁止的國家有18個。加拿大當時並不在其中，但在日後推動全面禁止的運動上，加拿大卻扮演著主導性的角色。

對於強化規範一事，例如應該限制地雷的出口等，日本一方面採取積極的態度，但對於地雷的製造、持有等的規範，則主張因各國國情不同，應採取較有彈性的作法。當時，日本朝日新聞頻繁刊載報導，主張全面禁止人員殺傷地雷。

再度召開檢討會議

1996年1月，雖然再度召開CCW檢討會議，但各國方針並無太大改變。美國認為，藉由在地雷上裝置自我破壞功能，幾乎已經可以防止民間人士受害，並不贊成做進一步的規範。美國主要

認為，若具備該功能，只要經過一定期間，地雷便會自動毀壞，如此一來便不會發生民間人士受害的事件。但認為藉此並無法防止受害的意見也很強大。此外，有些國家反對的理由為：要讓地雷具備這一功能需要費用。之後美國國內的NGO活動逐漸積極，過去對伊拉克指揮沙漠風暴行動（Operation Desert Storm）作戰的史瓦茲柯夫（Norman Schwarzkopf）將軍也支持全面禁止地雷。如此一來，不僅是國務院，國防部內也出現贊成的意見。但美國政府的態度並未改變，使得再度召開的檢討會議，很快地陷入膠著狀態。

另一方面，加拿大內閣正好亦於1996年1月改組，艾思沃斯（Hon. Lloyd Axworthy）被任命為新的外交部長。這段期間，認為加拿大應該積極支持全面禁止的意見逐漸轉強，在新外交部長艾思沃斯的主導下，加拿大開始傾向支持全面禁止。在這情形下，NGO組織為了試圖打開前述膠著狀態，便提案由贊成全面禁止的國家進行協商。同年1月19日，相關NGO組織與政府間會議第一次召開。

1996年4月，先前呈現休止狀態的檢討會議再度召開。但在全面禁止人員殺傷地雷問題上，美國等態度消極國家的立場並無變化，同時由於CCW尚有其他需討論的事項，因此有關全面禁止人員殺傷地雷的討論，在重新召開的檢討會議中遲遲未能進行。有鑑於此，全面禁止推動派便舉行第二次NGO組織與政府間會議，此時加拿大表明將召開由贊成全面禁止國家所組成的國際會議。

當時，儘管日本有部分媒體正在推動全面禁止運動，但國內的關心程度卻不高。依ICRC所進行的輿論調查，贊成的比例甚

至低於美國，美國方面的贊成者為60%，但日本方面的贊成者卻僅有58%。儘管這一調查是否正確反映輿論尚有討論餘地，但日本國內關心度較低卻是事實。

CCW地雷議定書的修改

但在有關人道問題的處理上，美國相當熱心尋求強化CCW第二議定書的方法。首先，藉由砲擊或飛機所散佈的遠隔散佈型地雷，其分佈地區廣泛，要像以人力埋設的地雷般確認所在位置，實際上有其困難。正因為如此，其造成傷害的危險性更高。對於這類地雷，原本的議定書中規定：（1）正確記錄其所在位置（注：這對於此類地雷有其困難），或者（2）若不具備當其不需要時將自動破壞或無害等功能時，則該類地雷不得使用。美國則主張提高使用條件，提案所有遠隔散佈型地雷：（1）須具備從不需要起30日以內自動破壞的功能；（2）若是這一功能出現問題時，則需具備在120日內自動失去作用的功能。換言之，當戰爭結束已不再需要地雷時，設定期限自動爆炸，若無法如此，便讓其變得無法爆炸。原來的議定書只規定需滿足其中之一即可，但現在除了需要滿足這兩個條件外，另外還加上需設定時間的條件。當時美國的地雷已經使用電池，因此已經滿足這一條件。

儘管反對該提案的國家不少，但1996年5月的檢討會議中，各國對此的意見一致，因此著手進行第二議定書[1]的修改。

但對於埋設型地雷是否也課以同樣條件一事，俄羅斯、中

---

[1] 在ICRC International Law-Treaties and Documents的網站能閱覽修改後第二議定書。

國、印度、巴基斯坦及芬蘭等國皆強烈反對。因為這些國家基於
本身防衛所需，長年大量使用地雷，而這些地雷皆不具備自動破
壞及自動失去作用等的功能，若要增加這些功能則需龐大經費，
同時更主張原本在地理上便沒有這樣的必要性。

　　結果，有關這類地雷的問題，最後所取得的妥協為：地雷只
要能滿足下列條件中的任何一項即可，一是具備自我破壞及自
動失去作用等的功能；一是藉由一定方法明確表示埋設場所，
並能加以隔離。有關場所的明示及隔離方法等，無論是標明位
置所在、派士兵警戒，或豎立圍籬以防止進入等，任何一種方法
皆可。

　　但能否發現地雷也是個問題。對此，第二議定書全無言及，
不在規範之內。但現在已經開發出以一般方法無法探知的地雷，
例如塑膠製地雷的受害事件便層出不窮。於是有人認為，應該將
對人地雷做成能夠被發現的東西，美國便主張其條件應是含有以
一般方法便能探查出的金屬，同時提案具體上應該相當於8公克
鐵片以上的金屬。對此提案，最初也有部分國家強烈反對，但最
後取得妥協，條件則是要求給予充分的緩衝時間。

第二節　《渥太華條約》的成立

「渥太華進程（Ottawa Process）」的開始

　　第二議定書的修改成功為一大成果。整體過程中，美國都
以極大的熱誠來進行交涉，甚至主動勸說態度消極的國家，使其
轉為贊成修改，因而可以說藉由修改第二議定書強化對於地雷的
規範一事，美國扮演著主要的角色。但美國的NGO組織及有力

媒體依然認為應全面禁止人員殺傷地雷，對於美國在CCW的努力，也並不像政府所期待般給予高度評價，甚至有不少人批評美國政府的因應做法。此外，美國以外的國家（特別是西方各國）要求全面禁止的聲浪更較美國為大，甚至與日俱增。在這一情形下，加拿大政府正式表明將召開國際會議，以討論歷來提及的全面禁止人員殺傷地雷問題，同時為了讓會議成功，贊成的國家自不待言，連反對的國家都將開始積極協商。

對於CCW，日本也與西歐各國相同，都支持美國的提案，並協助其實現。日本國內原本對於人員殺傷地雷問題不甚關心，但此時輿論逐漸有所變化，而日本政府也考量到，國內外要求全面禁止地雷的聲浪強大，遂認為有必要表達日本對此問題的明確方針。在1996年6月底的里昂高峰會中，橋本首相表明新的立場，支持國際間對於全面禁止人員殺傷地雷的努力。有關全面禁止方面，是否全面禁止是個問題，但即便全面禁止，以何種方法實現又是另外的問題。日本政府不過是在立場上轉為贊成全面禁止而已。

依預定計畫，渥太華會議於1996年10月3日召開。贊成全面禁止派所擬定的戰略為，儘可能說服態度消極的國家，以獲得整體國際社會的同意，但說服工作卻相當困難。其中，美國認為，藉由強化CCW可以解決人道問題，不應一舉推動全面禁止，因而並不打算贊成該案。此外，許多國家儘管傾向全面禁止，但對於如何達成卻沒有得出結論。

就在會議將近尾聲時，加拿大外交部長艾思沃斯突然宣稱，還是有必要達成全面禁止人員殺傷地雷，為此應開始進行條約交涉，並預定於1997年12月在渥太華再度召開會議，而在這之前應

完成全面禁止條約的協商，並在渥太華會議上進行簽署。換言之，除了將條約內容定為全面禁止地雷外，艾思沃斯也設定協商期限。對於這一突然的聲明，反對全面禁止派感到震驚，但贊成全面禁止派也同樣如此，甚至也有國家對此表示不快。一般而言，在進行外交交涉時，事前的協商是必要的，但艾思沃斯或許是擔心若事前進行協商時將導致無法提案，也有可能認為各國面對強大的輿論壓力，應該不會選擇不做任何決議便結束會議，另外或許考量到此舉將具有戲劇性的效果，或是這些全都有可能。但即便如此，未曾事前諮商便進行如此大膽的提案，自然伴隨著極大的風險，但最終來看，加拿大的決定奏效，一般所稱的「渥太華進程」正式開啟。

條約交涉的場所在CCW或渥太華

對於加拿大宣言中提及設定期限進行協商條約一事，國際輿論強力支持。有段時間深感震驚的各國政府，對於加拿大的宣言也無法反對。美國國內認為，美國正處於孤立中的論調壓倒性地增強，就美國政府而言，儘管對於全面禁止依然堅持反對態度，但此時不但不能否定「渥太華進程」，甚至也不能無視其存在。

其次，成為討論對象的是：協商場所應設於何處。如前所述，日內瓦裁軍會議已經進行數次重要的裁軍協商，多數意見認為，若是進行裁軍協商，日內瓦裁軍會議較為適合。西方國家（如美國、日本、法國、英國、澳洲、德國、西班牙等）也認為應在日內瓦裁軍會議進行協商，而俄羅斯、中國、印度、巴基斯坦等國也同樣主張日內瓦裁軍會議。

但對於推動全面禁止運動擁有極大熱情的國家與NGO組

織，卻不接受在日內瓦裁軍會議進行協商。主要是因為日內瓦裁軍會議的決定模式為全體同意方式，而若依此方式，對於全面禁止態度消極的國家中，只要有一國表明反對，即無法做出任何決定。若依該決定模式，儘管設定期限進行協商，但結果已可預見，最後應該也不會有任何進展。如此一來，「渥太華進程」雖然開始，但贊成派也好，包含反對派在內，討論持續進行著，關於協商場所的問題，各國政府的意見再度分裂。

然而，CCW及日內瓦裁軍會議雖為全體同意方式，但聯合國並非經常採取這一方式，聯合國大會為多數決。另對於各國而言，安全保障及裁軍乃是基本問題，因此也有意見認為應以全體同意方式來決定，但也並未就此做成決定。有關核武問題上，本書第Ⅰ部曾提及的巴魯克案，也考慮採取多數決方式，而前述於1996年成立的CCW，也是在聯合國大會上以多數決而通過。

維也納起草會議

由於世界輿論強力支持全面禁止地雷，因此1996年12月的聯合國大會通過決議案，建議推動全面禁止地雷。就訴諸世界輿論這點而言，前英國皇太子妃黛安娜的活躍成為特別的助力。1997年1月，在英國紅十字會及NGO組織的邀請下，在安哥拉及波西尼亞等地，黛安娜王妃戴上防護面具視察地雷區，慰問犧牲者，訴求廢除人員殺傷地雷。這樣的場景透過各國媒體傳播到全世界，強力推動全面禁止運動。對於黛安娜王妃的活躍，包含英國在內的保守人士中有人冷眼旁觀，但黛安娜王妃全然不以為意，持續訴求全面廢除地雷，並訪問美國，參與資金的募集，同時也在華盛頓對總統夫人希拉蕊進行勸說。

　　1997年2月，各國在奧地利的維也納召開條約起草會議。儘管尚未決定是在日內瓦裁軍會議協商條約，或是以另一種方式進行，但全面禁止推動派則認為非採用另外的方式進行不可，遂在奧地利政府的協助下，於維也納進行條約協商，從而有所進展。

東京會議與推動全面禁止議員聯盟

　　在1996年年底的聯合國大會中達成的全面禁止決議案，日本也是共同提案國之一。關於協商場所，日本也主張在日內瓦裁軍會議，此事已於前面說明。至於人員殺傷地雷問題，日本也以自己的方式積極採取行動。1997年3月，在東京召開人員殺傷地雷國際會議。只是在東京會議中，主要議題並非協商的場所，而是地雷的去除、探查和相關技術的開發，以及受害者的援助等。此外，基於這一考量，東京會議也允許大聲疾呼要求全面禁止的國際反地雷組織參加開幕式（只限開幕式）。但會議中全面禁止派仍然強力主張實現全面禁止，因此總括會議結論的議長要旨中便不能不提及，「已體認到努力朝向全面禁止人員殺傷地雷的必要性」。

　　在東京會議開議期間，未能參加會議討論的國際反地雷組織代表們同時召開「1997年度NGO東京地雷會議」。國際反地雷組織的指導者威廉斯（Jody Williams）等人呼籲，「渥太華進程」應有所行動，以實現全面禁止及完全去除人員殺傷地雷。

　　在日本，國會議員中不分黨派，認為應下定決心全面禁止的意見增強，最後共有385位跨黨派國會議員進行連署，向橋本首相陳情，要求日本應加入「渥太華進程」。同年6月，推動全面禁止人員殺傷地雷議員聯盟成立。

　　此外，在推動籌建組織上，日本的NGO組織也有所進展。幾乎在同一時間，地雷禁止日本運動（Japan Campaign to Ban Landmines, JCBL）成立，在日本各地推動全面禁止地雷運動。

奧斯陸條約協商會議

　　東京會議之後，世界各地也陸續召開有關人員殺傷地雷問題的會議。1997年4月，辛巴威哈拉雷、德國波昂、南非開普敦；1997年5月，瑞典斯德哥爾摩；1997年6月，土庫曼阿什哈巴德等地，都分別召開大、小會議。其中，規模較大者為1997年6月於比利時布魯塞爾所召開的會議。布魯塞爾會議發表宣言，贊成簽署條約，禁止人員殺傷地雷的使用、貯存、生產及轉讓等。該會議共有97國參加，包括英、德、義、法等國，而日本、美國、俄羅斯、印度等國則以觀察員身分出席。

　　接著，「渥太華進程」更進一步擴大。1997年7月，菲律賓馬尼拉舉辦亞洲地區會議。及至同年8月，美國終於表明參加「渥太華進程」。儘管這是個相當大的變化，但卻也並非意味美國贊成該條約案。1997年8月底，黛安娜王妃因意外事故死亡。此事雖然與「渥太華進程」無直接關係，但黛安娜王妃生前為廢除人員殺傷地雷所做的努力，卻再度受到大力報導。

　　1997年9月1日，條約協商會議終於在奧斯陸召開，決定方法則採三分之二絕對多數方式。與日內瓦裁軍會議的差別在此表露無遺。奧斯陸會議共87國參加，日本及美國皆出席。俄羅斯、印度、巴基斯坦、南韓等則以觀察員身分參加，只有中國連以觀察員身分參加都不接受。

全面禁止的實現

　　美國也努力推動修正案。修正案的內容則是，適用地域將朝鮮半島除外以及設置9年的緩衝期，並以此做為贊成的條件。在華盛頓，柯林頓總統幾次直接向加拿大總理克雷蒂安（Joseph Jacques Jean Chrétien）建議此事。曾有流言謠傳，關於緩衝期一事，克雷蒂安暗示可以考慮。對此，NGO組織抱持危機感，考慮到若是克雷蒂安首相傾向接受美國意見時，全面禁止的氣勢將會受到惡劣影響，便開始對克雷蒂安的回應進行強烈批評。如此，加拿大對美國提案不得不採取消極態度。事實上，柯林頓總統與克雷蒂安首相間如何進行對話並無從得知，但若藉由部分修正使得美國能轉為贊同的話，加拿大當然會認為值得考慮，這也沒有甚麼好大驚小怪。結果，美國提案並未獲得多數支持，到奧斯陸會議結束為止，美國代表團依然維持反對的態度。

　　1997年10月10日，國際反地雷組織及其領導人威廉斯被選為諾貝爾獎和平獎得主，為全面禁止運動又注入一劑強心針。

　　至於日本方面，在這之前的9月11日，小淵惠三一就任外務大臣，其後很快便表明意見，認為日本應贊成全面禁止條約案。此外，橋本龍太郎首相也表達同樣的意見。之後儘管還需若干時日，最後日本政府還是決定贊成全面禁止條約案。1997年12月4日，全面禁止條約的簽署儀式在渥太華舉行，日本則由外務大臣小淵惠三出席參與簽署。

　　儘管承受國內批判，但因為渥太華會議拒絕美國修正案，因此美國政府也不接受其結果。與日本相同地，長期以來配合美國步調的澳洲，最後還是作出贊成全面禁止條約的決定。如此一

來，美國在西方國家中變得孤立，但即便如此，美國仍然不改其方針。即便到2010年6月，美國依然沒有加入《渥太華條約》。美國以外的軍事大國，如俄羅斯、中國、印度等國，同樣沒有加入。

從「渥太華進程」開始，之所以能在短短一年多的時間內，按照預定進程，達成簽署全面禁止人員殺傷地雷條約，主要是以國際反地雷組織為中心的各個NGO組織、紅十字會國際委員會，以及各國有力媒體等影響輿論，而後各國政府與立法機構逐漸理解全面禁止的必要性，進而參與並協助實現這一目標。就這點而言，這一事業可說是國際間官民合力才得以實現。過程中，國際反地雷組織始終是全面禁止運動的原動力，在促成各國簽署國際條約上，NGO組織從來不曾扮演過如此重要的角色。特別是諾貝爾獎和平獎頒予國際反地雷組織及其領導人威廉斯，正是正確評價這一事實的結果，而這對於各國的NGO組織也是一大鼓勵。

第三節　廢棄地雷的形式、實施、查察

全面禁止人員殺傷地雷的具體內容

對於人員殺傷地雷（以下將人員殺傷地雷簡稱為「地雷」），《渥太華條約》中禁止締約國使用、開發、生產，和以其他方法取得、貯存、擁有、轉讓他人，以及協助或勸說他國等（第1條第1項）。換言之，若簽署該條約時，所有涉及地雷利用的行為皆被禁止。此外，除了教育、訓練等少數必要的例外，有義務廢棄其他地雷（第1條第2項及第3條）。

各國所保有地雷需在4年內全部廢棄（第4條）。

　　至於埋設地雷方面，有義務需在10年內確定所在位置並加以去除（第5條第1項及第2項）。若因特殊情形，期間內仍然無法除去地雷時，對於例外的延長時間，需在締約國會議時獲得同意（第5條第3、4、5、6項）。

　　廢棄期間的起算點則是該國加入條約時，更嚴密地說，即是該國簽署條約，完成必要的國內手續，批准並生效時。各國加入條約的時間並不相同，因此截止期限也各自不同。在埋設地雷的去除方面，也與前述相同地，10年的截止期限也因國家而有所差別。在這段期間內，各國政府應廢棄保有的地雷。此外，對於地下埋設的地雷也需擬定除去計畫，並加以施行。

　　締約國為了廢棄或去除地雷，可以向其他締約國尋求協助。對此，被要求者一方若有提供協助的能力與意圖時，應回應其要求（第6條）。依照這一規定，具體上應提供資金、技術上的協助，以及對於犧牲者的醫療、教育、訓練等的協助。

　　以上為條約中所訂定的主要規定。為了方便理解，在說明上的遣詞用字或與條約略有不同。

廢棄地雷的實施與查察

　　《渥太華條約》規定締約國會議每年召開，其費用則由提供協助的西方各國負擔大半。締約國會議時會準備一覽表，其上一目了然地記載各國的截止期限，而各國代表則說明實施進度。其情形想像成類似發表會，這是依條約所進行的有關地雷廢棄實施狀況的查察工作，其他國家也能提出意見。說明國似乎也感受到壓力，偶爾可以看到各國代表在說明前似乎稍顯緊張。但這並非是因為成果發表會之故，而是各國皆有面對的各種困難。在這情

形下，不僅要說明自己國家能在條約所規定的期限內廢棄地雷，並且還得讓各國能接受其說法。多數國家皆強調能於期限內廢棄地雷，有些國家的說明令人覺得做得相當好，但也有些國家缺乏說服力，或者總是說因費用龐大，要依條約規定實施，需要接受援助。從這些情形便可得知，要依照條約規定廢棄地雷並非易事。

　　紅十字國際委員會及國際反地雷組織這類的NGO也出席締約國會議。雖然他們是以觀察員身分與會，但發言踴躍，對於各國政府也不假辭色。特別是國際反地雷組織代表，正因為長期推動全面禁止地雷運動，因而對此議題極為熟悉，部分發言便顯得相當嚴厲。他們似乎擔心，若有部分國家違反條約時，則將會對全體締約國帶來惡劣影響，因此對於那些為了不違反條約而努力進行廢除地雷的與會國代表而言，國際反地雷組織的發言具有相當的壓力。

　　在聽完說明國代表對於實施狀況所做的報告後，若是其他締約國依然難以接受時，在聯合國的協助下，締約國會議可以派遣調查團釐清事實真相。此外，依照調查結果，締約國會議也能採取進一步的行動（第8條）。但若事態發展至此，則涉及國家顏面，因此各國皆努力避免這一情形發生。迄今為止，還不曾進行過這類調查。

　　2004年秋天，肯亞首都奈洛比召開《渥太華條約》的運用狀況檢討會議。這是在條約生效後歷經五年首度召開的檢討會議。對於廢棄地雷一事，過去以來各國皆取得相當的成績，因此會議中再度確認《渥太華條約》的有效性。會議結果，提及今後應增加締約國，同時為進一步貫徹條約的各項規定，訂定涉及數十個

項目的行動計劃。這一會議的結果與要求各國應更加努力的《奈洛比宣言》共同發表。此後，締約國會議每年召開，以促進履行條約。2009年，第二次檢討會議於波哥大（Cartagena）召開。

去除或廢棄地雷迄今的成果

從《渥太華條約》成立以來，到2009年末時，已有152國宣布將擁有的地雷全部廢棄，或是表示原本就沒有持有地雷（大多數為已廢棄地雷的國家）。日本也是其中之一。廢棄的地雷數量推估高達約4200萬個。

有關已埋設地雷的去除方面，有54國分別報告本國狀況。其中，阿爾巴尼亞、保加利亞、哥斯大黎加、吉布地、法國、希臘、瓜地馬拉、宏都拉斯、馬其頓、馬拉威、盧安達、蘇利南、史瓦濟蘭、突尼西亞及尚比亞等15國已全數去除地雷。

相較於將保有的地雷廢棄來說，要去除埋設於地下的地雷更為困難，需要相當的努力及時間。保有地雷的廢棄期限為4年，埋設地雷的廢棄期限則是10年，從年數即反映出兩者的差異。此外，在埋設地雷的去除問題上，考慮到部分國家要在10年內全部去除可能有所困難，正如前述，也留下必要時可以延長期限的可能性。

但在廢棄保有地雷的問題上，類似這種延長期限的可能性卻不被接受。這主要是考量到，保有地雷通常處於政府的管理下，只要直接加以廢棄即可。雖說如此，但也發現到一些問題點。2006年，安哥拉、剛果、阿富汗等可說是「重量級」的地雷受害國，保有地雷的廢棄期限即將到來，這些國家代表必須在年度會議中說明本國的進展狀況。其中，安哥拉代表要求認可延長期

限，因為國內保有的地雷數量非常之多，幾乎不可能在期限內完全廢棄。據稱，安哥拉國內殘留約200萬到500萬個地雷，情況非常嚴峻。

另一方面，剛果的代表則說明，該國已將政府管理下的2886個地雷全部廢棄。這令出席會議的各國代表感到震驚，因為廢棄的數量實在太少。鑒於其他國家的情形，一般認為，剛果所擁有的地雷數量應該以萬或10萬為單位。幾經詢問，原來剛果所廢棄的地雷僅是政府而且是中央政府所保有的數量，並非代表其國內所有未使用的地雷。安哥拉所指稱的是國內擁有而未使用的全部地雷數量（雖然僅是推定），這正是條約原本預估的保有數量，而剛果則似乎根本還未進展到全面調查的階段。

面對這些說明，當時的會議主席指出，剛果儘管在確認保有地雷的數量上有些問題，但還算是依照條約規定實施，相反地，安哥拉則變成違反規定。關於此點，前者暫且不論，對於後者在要求上是否有些過分，對於條約所規定的廢棄保有地雷問題，在賦予嚴格的條件下，是否應檢討同意延長期限的可能性。對此，國際反地雷組織則主張，不應輕易認定某國違反條約，而應該確認該國政府是否真正努力去除地雷。由於意見不同，主席與國際反地雷組織代表出現些許爭論。

這些爭論最後並未出現哪方面獲勝的結果，雙方都在表達意見後隨即結束。但個人則認為，包含與廢棄保有地雷相關的條文應否修改在內，都應該進行檢討。以上，對於個別問題或許有說明過於詳細之感，但這卻是一個最佳的事例，其間清楚呈現《渥太華條約》年度會議中各國實施的情形，以及其在檢討會議中的審議狀況。

非政府主體

　　地雷不僅是政府的軍隊在使用，叛亂部隊等非政府主體也在使用。同時，與政府的正規軍相較，非政府主體無論是裝備或資金上所受制約較多，因此無論是保有的地雷或地下埋設的地雷等，其管理皆不若政府嚴格，因而民間人士受害的危險性也就相對提高。《渥太華條約》的條約當事者為各國政府，非政府主體不在預設之中，但無論是為了保護當地居民，或為了順利進行復興、開發等工作，這一問題卻不能置之不理。

　　但就政府立場而言，這個問題通常不容易處理。因為既然是本國的反政府勢力，大概不會聽從政府的要求，而若是外國入侵的勢力，則又要顧慮到不能破壞與該國政府的關係，其間涉及諸多因素。此時，NGO的角色即變得重要。「日內瓦呼籲（Geneva Call）」為2000年所設立的NGO組織，其與非政府主體間簽訂某種協定，取得與條約同樣的效果。具體而言，正如締約國受到《渥太華條約》約束一樣，這些非政府主體透過該協定，向「日內瓦呼籲」承諾不使用及保有地雷。原則上，該協定內容可將其視同條約。換言之，非政府主體無法加入條約，取而代之的方法即是與「日內瓦呼籲」這個NGO簽訂協定。

　　類似這種與非政府主體間的協定，在如印尼（亞齊）、蒲隆地、哥倫比亞、南非、印度、緬甸、尼泊爾、斯里蘭卡、伊拉克（庫德地區）、索馬利亞、蘇丹等各地皆有。此外，無論是公開或非公開，各國政府也開始援助「日內瓦呼籲」所進行的這類活動。「日內瓦呼籲」的活動取得相當的成績，在地雷廢棄運動上佔有一席之地。

前述的奈洛比檢討會議宣言及行動計劃中已經提到，將非政府主體納入全面禁止地雷運動的重要性。此外，一般也認為這一問題也有必要在亞洲、非洲、中南美等地召開的區域性會議中加以檢討。

第四節　《特定傳統武器公約》的現狀
人員殺傷地雷還是要在CCW？

美國、俄羅斯、中國、韓國、北韓、印度、巴基斯坦等大量持有、使用地雷的國家，未必都基於相同理由而未加入《渥太華條約》，但該條約的價值因此受限也是事實。但這些國家對於《渥太華條約》似乎也非全無興趣。雖說因國家不同，情形也有所差異，但美國、中國等都以觀察員身分派員參加《渥太華條約》的締約國會議，熱心關注會議的進展。

任何國家都是如此，一方面基於防衛的需要，必須持有地雷；另一方面，基於保護民間人士及復興的需要，必須去除或廢棄地雷，其間也包含著負責防衛的部門與負責人道問題及經濟復興部門間的差異。問題是兩者的折衝要在何處取得一致。當然，政府整合各部門的意見，調和必要卻又矛盾的二者，而後得出的結論也因各國的客觀條件而會有所不同，而且同一國之中也未必一直有著相同的結論，有時面對新的狀況、新的課題時，其因應方式也會產生影響。在「渥太華進程」中，許多國家在相當短的時間內修正乃至轉換方針。美國熟悉現場狀況的現任或退役的將官中，也有人對於地雷的有效性抱持懷疑態度，這點無疑值得注意。

　　有鑒於此,《渥太華條約》的締約國會議上,最常檢討的議題之一便是:如何讓那些未加入的國家得以加入?其對此締約國又能發揮何種作用?

美國的「持續性地雷」提案

　　未加入《渥太華條約》的國家,原本就對強化地雷規範不太積極,並認為有歷經困難協商而通過的修改後CCW第二議定書,應該已經足夠用以規範地雷。

　　正如前述,儘管美國不贊成全面禁止地雷,但對於CCW中強化地雷的規範,從一開始便極為熱心。

　　2005年,美國在日內瓦裁軍會議中提案協商條約,禁止「持續性地雷」的交易及出口。所謂「持續性地雷」乃是指那些未具備自我破壞及無效化功能的地雷,而這一規範正是美國在CCW中所極力推動的。對此提案,各國反應冷淡,綜合其意見大致為:「這一問題在《渥太華條約》及修改後的CCW第二議定書中已有答案,沒有加入《渥太華條約》的國家應該在CCW中尋求解決」。

　　美國的提案並沒有說明是以人員殺傷地雷為對象,或是將對車輛地雷也納入其中,但無論是哪一種,提案本身若非與《渥太華條約》有關,便是與CCW有關,甚至與兩者皆有關係,因此這一提案後來並沒有繼續推動。

對車輛地雷的規範

　　目前為止,本書中將人員殺傷地雷略稱為「地雷」,以下將回歸其原本意思,亦即將其分為人員殺傷地雷及對車輛地雷,並

基此進行說明。

對車輛地雷原本以戰車及裝甲車為攻擊目標，一般而言，即使行人走在埋設場所上也不會爆炸，但實際上並非僅有民間人士才會走在上面，若要從事復興工作等，若不使用車輛便無法進行工作。因此，從很早開始便有人認為，從人道觀點而言，對車輛地雷問題不能置之不顧。另一方面，認為對車輛地雷在國防上有絕對必要性的意見也甚為強大，因此討論遲遲未有進展。

在1995年到1996年間第一次CCW檢討會議舉行時，美國考慮與丹麥共同提案，主張不僅是人員殺傷地雷，包含對車輛地雷也有義務須具備可以被探知及自我破壞、無效化功能等。但當時反對意見相當強大，西方各國中有些國家也對此採取消極態度，因此美國與丹麥也就不再繼續推動。

人員殺傷地雷方面，除了修改CCW第二議定書外，各國還進一步通過《渥太華條約》，因此可說已有相當的進展。至於對車輛地雷，僅有修改前的第二議定書，因而顯得不夠完善。因此，以紅十字國際委員會為首，從事人道援助相關的機關團體等，便呼籲必需儘早強化規範。在2001年召開的CCW第二次檢討會議時，有相當強大的意見認為，國際社會應再度檢討具體的強化規範。

此時還是美國與丹麥以具體提案來主導議事。兩國先是試圖再度修改已經強化過的修改後第二議定書，使其也能適用於對車輛地雷。這是在第一次CCW檢討會議時，美國原來所考慮的作法。但對此方法，質疑的聲浪也極高，主要理由有二，一是第二議定書需修改兩次，就條約而言並不適當；一是將人員殺傷地雷的規範運用於原本在性質、性能皆不相同的對車輛地雷上於理不

合。結果，美國、丹麥及支持此案的西方各國等，遂改以簽署新的議定書為目標，日本也是其中之一。

新議定書的主要內容有：（1）能夠探查出對戰車地雷；（2）遠隔散布型地雷需具備自我破壞及無效化等功能。大致說來，其規範內容與強化人員殺傷地雷相同。為因應在性質上與修改後的第二議定書有所區隔，議定書將作為對象的對車輛地雷稱為「人員殺傷地雷以外的地雷（mines other than antipersonnel mines）」。但如此一來，名稱過長，稱呼不便，因此大多取字頭MOTAPM來稱呼。美國也使用這一稱呼，但有些未加入《渥太華條約》的國家並不接受，因此依然沿用對車輛地雷的名稱。

但即便是這一提案，中國、俄羅斯、印度、巴基斯坦等國也強烈反對。最後決定委由專家進行檢討，會議自隔年開始召開，但持續到2007年，最終仍未能獲得結論，同時也無法預期能否彌平意見的差異，最後便在這一狀態下結束檢討工作。

如此一來，對車輛地雷的規範上，僅有1980年所通過的CCW第二議定書。儘管因各種場所而有所不同，但妨礙復興工作等的老舊地雷，卻可能因為無法去除而殘留，因此將來還是需要檢討新的因應策略。

第三章　集束彈的禁止：《奧斯陸條約》

何謂集束彈

　　原本開始檢討集束彈也是在CCW，但如同「渥太華進程」一樣，中途進入另個歷程，最後簽署別個條約。之後，CCW以單獨達成規範集束炸彈為目標進行協商，但直到2009年7月仍然未能達成協議。

　　所謂集束彈是指其構造為當炸彈本身爆炸時，從中飛散數量眾多的小型「母子彈」，「母子彈」數量從數個到2000個左右不等，差異極大。只要1次攻擊即可引發多次爆炸，因而被認為適用於「面的制壓」，例如讓步兵團等失去戰鬥力，或是癱瘓機場等。即便是高性能的戰鬥機，當其越接近目標時，受到敵人反擊的危險性就越高，而集束彈僅只1次攻擊，便可獲得匹敵數次攻擊的效果，效率極佳，因而有許多國家都在使用，或保持在隨時可以使用的狀態。雖然集束彈被視為問題是最近的事，但其使用歷史卻相當古老，早在第二次世界大戰時已經開始使用。此後，集束彈也出現在全球各地的衝突中，例如越戰時也曾大量使用。

　　依照關注該問題的有力NGO組織「人權觀察（Human Rights Watch, HRW）」的預估，持有集束彈的國家高達75國。至2005年為止，美國的「母子彈」持有量竟達7億3千萬個，而據推估俄羅斯與中國的持有量也接近此數。

　　迄今為止，約有24個國家或地區的軍隊使用過集束彈。黎巴嫩使用過的「母子彈」數量有400萬個，伊拉克在2003年時約使

用過180萬到200萬個；阿富汗僅在2001年與2002年即使用過24.8萬個；科索沃及塞爾維亞在1999年時使用集束彈噴出的「母子彈」達29.5萬個，這些都造成巨大傷害。[1]最近所發生的喬治亞衝突中，也有媒體報導說曾經使用過集束彈。[2]

很少國家會公布正確資料，上述數字乃是關注這一問題的NGO組織長年持續觀察及分析通關資料等所整理得出的數字。雖然有時也有政府以非正式方式提供某種程度的資料，但無論如何，這些都是點點滴滴努力所得來的成果。

集束彈所造成的民間人士受害

集束彈雖然設定「母子彈」也會爆炸，但其中會有一定數量成為未爆彈，而因殘留而給民間人士造成傷害。舊型集束彈未爆率約在10%到20%左右，但隨著武器性能的提升而使未爆率降低。此外，最近新開發的「母子彈」附有誘導裝置，只會攻擊特定目標，若未能擊中而墜落地面時，則會自動爆炸。這種「母子彈」被稱為智能炸彈（smart bomb），未爆率據稱可低至約1%。只是此事尚有疑慮，根據許多NGO進行調查的結果，一般認為，未爆率不太可能低至1%，推測大約數%到10%左右。[3]

殘留的未爆彈與前述的ERW〈戰爭遺留之未爆彈〉，在實質上並無太大差別，存在於何處不得而知。或者隱藏於田邊農作物

---

[1] 2007年4月紅十字國際委員會所主辦的專家會議中所提的資料。Human Rights Watch, *Survey of Cluster Munitions Produced and Stockpiled.*
[2] 《每日新聞》（2008年8月25日）。引用自Human Rights Watch的資料，提及喬治亞衝突中，蘇聯軍隊曾使用集束彈。
[3] 注23的Human Rights Watch資料。

的陰影下，或者掉落在小朋友遊玩處附近等，都會對民間人士帶來極大的傷害。此外，因為「母子彈」四處飛散，除去困難，未爆炸而殘留的集束彈，更是長期威脅到民間人士的生活。集束彈常常連掉落場所也無法確定。據傳，1999年北約對南斯拉夫進行空襲時所投下的集束彈，直到8年後的2007年，北約才將投下場所的資料提供給塞爾維亞。[4]

即使不是未爆彈，但集束彈仍使得眾多民間人士成為犧牲者。一枚集束彈所發散出的「母子彈」，其破壞力約可及於兩個棒球場範圍，因此無可避免地將會波及眾多民間人士。2006年，以色列對黎巴嫩真主黨進行攻擊時，曾對住宅區投下集束彈，據稱造成眾多民間人士的死傷者。

由此可以推論，集束彈所造成的受害者約9成以上為民間人士。[5]

CCW的討論

以觀察員身分參加《特定傳統武器公約》的紅十字國際委員會及NGO組織，為推動強化集束彈規範運動的主力。2003年，名為「聯合組織集束彈聯盟（Cluster Munition Coalition, CMC）」的NGO成立，成為強化集束彈規範運動的中心。許多加入CMC的組織都是長期以來積極關心人道問題的團體，例如人權觀察組織（Human Rights Watch）、地雷行動（Landmine Action）、挪威民眾救援組織（Norwegian People's Aid）、國際助殘組織

---

[4] 《每日新聞》（2007年9月21日）。

[5] Geneva International Centre for Humanitarian Demining, *Guide to Cluster Munitions*, First Edition, Geneva, November 2007.

（Handicap International）、國際反地雷組織（ICBL）等，這些團體呼籲各國政府應檢討集束彈問題。其中有關未爆彈方面，儘管有CCW第五議定書能加以規範，但僅是如此還是不完善，特別是在阿富汗、科索沃、伊拉克等國，許多民間人士因攻擊事件而犧牲，因此主張應儘早達成相關的規範。

　　從1980年代開始，集束彈所造成民間人士的受害事件，雖然有時也會成為CCW會議的話題，但CCW的主要問題還是在於強化人員殺傷地雷及ERW等的規範，因此直到最近為止，集束彈問題都未能成為主要議題。但前述2006年以色列對黎巴嫩真主黨所進行的攻擊，因使用集束彈而造成許多民間人士犧牲，以此為契機，強化集束彈規範的運動遂加速進行。正如前述，同年8月的CCW專家會議上，主要議題為對車輛地雷與ERW，但在與ERW相關的議題中，集束彈問題也成為檢討對象。其中有意見認為，就CCW而言，加強集束彈問題的探討，乃是更為重要的議題。

　　同年11月的CCW締約國會議上，歐盟提出宣言，要求強化集束彈的規範。這是歐盟當時25個加盟國從8月討論到11月所得出的統一見解。在多國間的會議上，若歐盟各國能採取統一行動時，即具有巨大的影響力。最近這種傾向愈來越明顯，而這份對於集束彈的宣言，有助於活絡會議的氣氛。

　　只是無論是歐盟宣言或歐盟以外的眾多國家，並不認為應該全面禁止集束彈。但儘管如此，挪威表明將在CCW架構外達成規範集束彈的目標，為此於2007年2月在奧斯陸召開國際會議。對於挪威的提案，許多國家代表似乎感到意外。CCW的主要議題為對車輛地雷及ERW，其中在對車輛地雷問題上，態度消極的國家強烈反對強化規範，協商也因此陷入膠著狀態。正因為會議

處於這種狀況，挪威對於集束彈的提案令人感到新鮮，因而從會議室後半部（紅十字國際委員會及NGO組織的座位）響起盛大的掌聲。

奧斯陸進程

由於挪威的提案，所謂「奧斯陸進程」隨即展開。這是各國認為要想在CCW達成目的有所困難，因此企圖模仿達成全面禁止人員殺傷地雷的「渥太華進程」之例，僅由想法相同的國家來制定條約，以全面禁止集束彈。

無論是人員殺傷地雷或集束彈，原本皆以軍隊為對象，但實際上的受害者大多是民間人士。就這點而言，兩者並無差異。因此，從人道觀點而言，集束彈也應全面禁止，但正因為集束彈在軍事上為效率良好的武器，各國的防衛、軍事部門對於放棄一事都非常消極，相較於人員殺傷地雷，對於全面禁止集束彈的抗拒更為強大。在「奧斯陸進程」中，這是最大的障礙。

奧斯陸會議於2007年2月召開。參加國共49國，以歐洲各國為主，日本也在其中。儘管國際機構及NGO皆參加這一會議，但美國、中國、俄羅斯、巴基斯坦、以色列等國並未參加。在最後所發表的宣言中，充分呈現與會各國所採取的態度。宣言希望2008年簽署禁止集束彈的條約，與會的49國中有46國贊成，只有日本、羅馬尼亞、波蘭等三國沒有贊成。

日本沒有贊成的原因如下：集束彈引發人道上的問題乃是事實，日本的立場為協助未爆彈的處理；奧斯陸會議的討論雖然有益，但包含安全保障及技術問題等在內，有必要做進一步的討論；國際規範需考慮到安全保障與人道保護必要性間的平衡，應

該讓更多國家參加，希望以CCW為具體討論的場所等。

儘管從很早開始，歐洲許多國家便贊成「奧斯陸進程」。但英國曾在福克蘭群島戰爭、波斯灣戰爭、科索沃空襲、伊拉克戰爭等，有著大量使用集束彈的經驗，對其必要性有強烈認識，因而對於禁止集束彈原本就不甚積極。奧斯陸會議開始時，與其他贊成禁止的歐洲國家不同，英國代表並不採取明確態度，因此受到NGO的強烈批評。NGO的意見對於各國政府具有極大影響力，就這點而言，英國絕不遜於其他歐洲各國。因此，若英國在奧斯陸會議上，採取有別於其他歐洲各國採取消極態度時，即有成為政治問題之虞，因而英國政府緊急重新檢討方針，最後也贊成「奧斯陸進程」。

禁止運動的發展

奧斯陸會議後的兩個月，紅十字國際委員會於瑞士蒙特勒（Montreux）舉行專家會議。對於集束彈問題，會議一方面從歷史、軍事上的角色與現有國際法的關係等觀點來探討，同時也未將規範的架構侷限於「奧斯陸進程」。

作為「奧斯陸進程」的一部分，2007年5月祕魯政府在首都利馬召開會議。參加國較奧斯陸時增加，共有68國。與奧斯陸會議時相同，國際機構及NGO也都參加，但美國、中國、以色列等依然拒絕參加，俄羅斯則以觀察員身分出席。

奧斯陸會議中多數國家贊成「禁止」集束彈，有關各國如何解釋「禁止」二字，在利馬會議上則變得更為清楚。相較於部分國家或NGO主張應該「全面禁止」，澳洲、加拿大與英國、法國、德國、義大利等歐洲國家則發言認為，應從集束彈的使用觀

點來強化規範，例如降低未爆率，提高自我破壞機能以及適用國際人道法等。這一主張主要是以部分國家或地區勢力會繼續使用集束彈為前提。

此外，利馬會議也發給各國代表類似條約案的「草稿」，希望能在「奧斯陸進程」中通過。其所以稱為「草稿」，主要是因為這一文書某種程度符合條約的體裁，發給該文書的祕魯議長也說明，這只是個討論基礎，並非是以此開始進行協商。

同年12月，即利馬會議後約半年，在維也納召開「奧斯陸進程」會議。參加國急增為138個，包含日本在內，許多西方陣營國家都出席，但美國、中國、俄羅斯等依然未參加。參加國數量已是利馬會議時的兩倍，禁止集束彈運動獲得極大進展。只是有關禁止的對象方面，多數西方國家的主張與利馬會議時相同，但主辦國奧地利則倡言全面禁止。

另一方面，維也納會議上除了禁止問題外，對於國際合作、援助犧牲者等，也有熱烈的討論。對於這些問題，各國意見大致並無差異。

此外，維也納會議中也做成「維也納討論案（Vienna discussion text）」，這是將利馬會議的「草稿」加以若干修改後的討論案。

2008年2月，在紐西蘭首都威靈頓召開會議，大會最後依然做成更新的「草稿」資料。儘管並不預定在會議中進行協商，但其內容仍然符合條約體裁。

都柏林通過，奧斯陸簽署

自2007年奧斯陸會議以來，雖然有數個國家相繼召開國際會議，但在很早開始積極推動禁止的國家與NGO之間，有關運動

的展開已經形成共同的理解。或許已有先前人員殺傷地雷的經驗，因而比較容易策畫禁止運動吧！國際集束彈聯盟將威靈頓以前的各會議稱為「討論會議」，而視都柏林會議的性格為協商條約內容的外交會議。基本上亦是如此。

當「奧斯陸進程」有所進展的同時，各國要求禁止集束彈運動也日益增強。日本也在2007年4月成立超黨派議員聯盟，要求通過禁止條約。媒體方面，每日新聞也有特集。[6]此外，其他各新聞媒體也相繼討論禁止集束彈問題。

依照原訂進程，2008年5月召開都柏林會議，有111國正式參加。審議相對順利，在無甚修改下，通過原先擬定的條約案。

直到召開都柏林會議為止，對於不在CCW中進行討論一事，日本都維持相當慎重的態度，因而受到推動禁止運動的各方勢力的冷淡對待。這點上，美國、俄羅斯、中國等也是如此。但在條約案通過前，福田赳夫首相做出決定，會議的最後一天日本也表明贊成條約案，此舉受到其他各國的大力歡迎。

但美國、俄羅斯、中國、南韓等國終究還是沒有參加。

在各方妥協下，條約成立。主要內容為，禁止有關集束彈的使用、開發、生產等一連串的行為，但同時也認可部分使用，只是僅限滿足下列各項條件者（第2條第2項（c））。

（1）「母子彈」數量不超過10枚。

（2）各「母子彈」的重量超過4公斤。

（3）各「母子彈」只攻擊單一目標。

（4）各「母子彈」具備自我破壞功能。

---

[6] 《每日新聞》（2008年6月1日）「社說ウオッチング」。

（5）各「母子彈」具備無效化功能。

此外，與人員殺傷地雷時相同，規定從條約在該國生效起，該國所持有的集束彈須於8年內廢棄，而未爆彈原則上需在10年內去除等。

2008年12月，各國在奧斯陸通過《集束彈藥公約（Convention on Cluster Munitions，又稱奧斯陸條約）》，隨即舉行條約簽署儀式，包含日本在內共93國簽署。之後，各國順利批准條約，2010年8月1日生效。

CCW的集束彈規範

未加入奧斯陸條約的美國、俄羅斯、中國、南韓等國則認為，以CCW來進行強化規範即可，但簽署《奧斯陸條約》的國家也贊成強化CCW的規範。

2007年11月所舉行的CCW締約國會議上，CCW也有必要檢討集束彈規範一事獲得共識，因此決定針對「提案」進行「協商」，而協商則在新設的專家會議中進行。使用「協商」、「提案」的用語，乍聽之下不免詫異。原本應該說「協商」「條約案」才對，而實際上許多國家也如此主張，但俄羅斯等國認為不應該預測結果，妥協之下，遂採用這樣奇怪的用語。以常識來說，非常難以理解，但在國際社會卻不乏其例。

從2008年1月開始，直到同年年底的CCW締約國會議為止，曾召開數次專家會議，但最後還是未能達成共識。隔年，CCW雖然繼續進行檢討，但意見相差太大，迄今（2010年6月）依然無法獲得共識。

第四章　小型武器

第一節　何謂小型武器問題

另一種大規模毀滅性武器

　　若將武器大致分成三種時，第一為大規模毀滅性武器（weapons of mass destruction, WMD），例如核子武器，擁有巨大破壞力，只要一枚即足以將大都市完全破壞，甚至更為嚴重；其他化學或生物武器，威力雖不及於此，卻足以殺傷多數人。第二為類似CCW規範對象的地雷或REW等非人道武器，「過度」或「無差別」殺傷人員。第三則是大砲、飛機、戰車、船艦等一般武器。為了與大規模毀滅性武器做區隔，其中的第二、三種另稱為傳統武器（Conventional Weapons）。

　　第三種武器則依其規模大小，另外又分為三大類，一是「小型武器」，其大小約僅一人便足以攜帶；其次為「輕型武器」，體積較大，非數人不足以搬運；至於其他武器，在武器來說非常普通，因此並未以特定名稱來概括，勉強可稱為「重型武器」。日語常將小型武器與輕武器一起合稱為「小型武器」，本書也沿用此例。另一方面，英語則一般將「小型武器」及「輕型武器」（small and light weapons，略稱為SALW）分開稱呼。

　　據推估全世界約有9億具小型武器，另有約百餘國每年新製造200萬具。主要生產國為美國、俄羅斯、中國、英國、法國等，另外還有比利時、巴西、保加利亞、德國、以色列、義大

利、南非等國。武器交易中有80%到90%為合法交易，此外皆為非法，而這便是問題所在。

在眾多現有的武器中，小型武器雖然破壞力較小，造成傷害的殘酷性也較低，但諷刺的是，它卻是世界上殺傷人最多的武器。依聯合國推估，因小型武器而犧牲的死者數量，一年高達約50萬人。儘管這是總計世界各地所有犧牲者所得出的數字，包含內戰、武裝鬥爭以及沒有理由的殺人等，但即便如此，50萬人卻也是個令人震驚的受害數字。而這只是死者的數量，如果包含傷者在內時，犧牲者的數量將數倍於此。由此可知，小型武器事實上也可以稱為大規模毀滅性武器。[1]

達爾富（Darfur）衝突與國際特赦組織（Amnesty International, AI）的舉發

以下便介紹實際發生的小型武器問題的實例。蘇丹面積約為日本七倍，為非洲最大國家，其東部、南部及西部等地長年以來衝突激烈。其中，西部地區被稱為達爾富，因水及牧草等，各部族間不斷進行抗爭。以人種而言，蘇丹大致可分為阿拉伯系與非洲系，進入21世紀後，非洲系部族與政府及受政府支持的阿拉伯系部族形成對立態勢，至目前為止，據稱已有20萬人犧牲。

對於應該維持國際和平與安全的聯合國安理會而言，此乃重大事件，曾經數次就此問題進行檢討，並要求蘇丹政府解除阿拉伯系民兵的武裝及處罰負責人。此外，聯合國也要求各國採取相

---

[1] Mogire, Edward,"The Humanitarian Impact of Small Arms and Light Weapons and the Threat to Security", Amaldi Papers（www.lincei.it/rapporti/amaldi/papers/XV）。其中對於受害情況有完整描述。

關措施，例如禁止人民到蘇丹、凍結資產，以及禁止出口武器給達爾富地區不斷進行爭鬥的當事者等，甚至決定派遣高達2萬人的大規模維和部隊等，採取各種行動。

2007年5月8日，關注世界各地侵害人權問題的國際特赦組織發表具有強烈警示意味的報告書[2]。其中揭露，儘管聯合國決定禁運，但各國的武器依然源源不絕地流入達爾富。其中列舉的國家有中國、俄羅斯、白俄羅斯、埃及、阿拉伯聯合大公國等。其中，2005年中國向蘇丹出口2400萬美元的武器、彈藥，以及5700萬美元的飛機零件等，特別是中國航空科技工業股份有限公司生產的K-8戰鬥機已有6架交與蘇丹，另外還有6架即將交貨。這些雖是訓練用飛機，但一旦訓練結束，將進入下一階段。國際特赦組織擔心，這些戰鬥機可能違反聯合國的禁運措施，從蘇丹政府手中運送到達爾富地區，作為全面屠殺當地居民的工具。

對此，中國政府發言人則反駁，中國政府以負責任態度嚴格管理武器的出口，遵守聯合國安理會決議，並不出口武器到任何成為禁運對象的國家或地區，國際特赦組織的批評毫無根據。[3]

但真相又是如何？國際特赦組織並未明言中國政府直接違反聯合國的禁運措施。問題是，這些武器一旦落入蘇丹政府手中，可能會被送到達爾富，又在該地的武力衝突中遭到濫用。而這不只在蘇丹，任何地方皆有可能發生，即使中國政府並未直接

[2] Amnesty International report, *People's Republic of china, Sustaining conflict and human rights abuses, The flow of arms accelerates*, 2007.
Amnesty International, *Sudan: arms continuing to fuel serious human rights violations in Darfur*, AI Index: 54/019/2007

[3] AFP2007年5月8日。

出口到達爾富地區，但中國製武器卻非常可能被使用於達爾富衝突中。

中國的武器出口

　　長期以來中國政府從未公布武器出口到各國的具體情形，而對於中國缺乏透明性一事，聯合國裁軍相關會議等也表現出強烈的不滿。國際特赦組織視為問題的中國對蘇丹的武器出口，其所使用的似乎是蘇丹方面的貿易統計資料，如果中國要對報告內容進行反駁，應該可以利用本國的資料說明詳情，若是如此，將成為有力的反駁，但中國政府並未如此做。

　　不僅是蘇丹，最近中國對於非洲各國的接觸突然增加，中國與各國的貿易及其他關係等皆快速增長，其中特別受到注目的是，武器交易量的增加。在上述報告書發表的前一年，國際特赦組織即公布高達20頁的報告書，其中整理中國對各國武器出口增加的現狀。報告書指出，現在中國雖然已名列世界十大主要武器出口國，但有關武器種類、數量、進口國、需要者證明等皆不公布。此外，從進口國的統計資料也證實，中國不僅出口武器到尼泊爾、查德等內部有衝突的國家（區域），也出口相當數量的武器到南非、澳洲、馬來西亞、泰國等國。另外資料也提及，在中國製造及出口武器的是中國北方工業公司（Norinco），但有關武器出口的法令則還有改善的餘地。眾所周知地，中國北方工業公司為中國國防部下轄的大型武器製造與販售企業，只是其實際情形卻完全不為人知。[4]

---

[4] 《朝日新聞》（2008年4月24日）報導，滿載武器的中國船隻在莫三比克（Republic of Mozambique）、安哥拉、南非等港口，卸貨遭到拒絕。

蘇丹衝突與中國的因應做法

蘇丹的衝突極為複雜且嚴重。蘇丹南部、東部及西部達爾富等地區，衝突雙方雖然分別曾於2005年1月、2006年5月及11月三次達成和平協定，但問題並未就此解決。2004年4月，達爾富地區暫時停戰成立，由非洲統一組織（Organization of African Unity, OAU）派遣部隊（AMIS）監視停戰，但因裝備及權限的不足，連難民營遭武裝勢力襲擊時，AMIS也無法充分應付。其後，即使和平協定還是通過，但有些部族並未簽署協定，因而衝突持續發生。如此一來，AMIS已經無法應付，儘管聯合國認為應該派遣維和部隊，但蘇丹政府卻拒絕接受。

包含日本在內，各國皆勸說蘇丹政府接受聯合國派遣維和部隊；同時，各國也援助AMIS，並對蘇丹提供人道及經濟上的援助，藉此強化解決處於不穩定和平態勢的人道問題，而NGO也從各自擅長的角度來探討達爾富問題。

一些不屬於任何組織的民間人士也對此問題抱持強烈關心，積極對中國政府進行遊說。其中，有名的女演員米亞法蘿（Mia Farrow）2007年3月28日於《華爾街日報（The Wall Street Journal）》發表名為〈大屠殺與奧運（Olympic Genocide）〉的文章。過去米亞法蘿曾以聯合國兒童基金會（United Nations Children's Fund）親善大使身分四次訪問達爾富，而這篇文章的發表時間還在國際特赦組織公布報告書之前。文中，米亞法蘿抨擊並抗議中國政府，因為中國協助蘇丹政府，而該政府需為發生在達爾富的大屠殺負起責任，同時中國也提供該國大量武器。這篇文章引起輿論的強烈關心。米亞法蘿的目的或許是因為中國將舉

辦2008年奧運，對中國而言，無論如何都要避免發生各國以侵犯人權為藉口抵制奧運，希望藉此讓蘇丹狀況有所改善。此外，由於當時史蒂芬史匹柏受中國政府邀請，擔任北京奧運藝術顧問一職，因此米亞法蘿也批評史蒂芬史匹柏（Steven Allan Spielberg）導演，認為其協助中國也不無問題。米亞法蘿的批評似乎對史蒂芬史匹柏造成強烈打擊。據稱，史蒂芬史匹柏數日後便寫信給中國國家主席胡錦濤，抨擊達爾富的大屠殺事件，同時要求中國政府應積極勸說蘇丹政府終止大屠殺。米亞法蘿以《失嬰記（Rosemary's Baby）》、《尼羅河謀殺案（Death on the Nile）》等影片，在日本是個廣為人知的名演員；至於史蒂芬史匹柏則更無需贅言，是超級有名的電影導演。他們的訴求具有強大的影響力。

在美國國內，有108位眾議院議員也關心這一問題，並發出書信。其內容為，若中國任由事態發展，將不惜展開抵制北京奧運的行動。此外，在美國國內出現這類積極活動的同時，歷史上與非洲淵源極深的歐洲各國，在達爾富問題上抨擊中國的言論也逐漸增強。

中國本身也並非毫無反應。在米亞法蘿的新聞報導發表前，中國國家主席胡錦濤於2007年2月訪問蘇丹，據稱胡錦濤建議蘇丹總統巴希爾（Omar Hassan Ahmed al-Bashir），將未加入和平協定的部族吸收到政府方面來，讓衝突得以儘早結束。但僅是如此，不但未能平息歐美各國的強烈抨擊，甚至進一步激化。同年4月，中國派遣外交部長助理到蘇丹，隔月更新設負責非洲事務特別代表一職等，以強化對非外交。但最重要的終止提供武器一事似乎並未做到。2008年2月12日，史蒂芬史匹柏宣布辭去北京奧運顧問一職。

　　或許是來自多方面的建議奏效。2006年8月以來，以侵害主權為由，長期堅拒接受聯合國維和部隊的蘇丹政府，終於在2007年6月決定接受。7月31日，聯合國安理會通過決議，[5]決定展開最多可能高達2.6萬人的「非洲聯盟-聯合國達爾富混合行動（African Union/United Nations Hybrid operation in Darfur，UNAMID）」。但原本包含在英法所起草的決議案中的制裁警告項目，卻因為中國的反對而削除，一般認為，中國的反對乃是傳達蘇丹政府的意向。UNAMID的派遣發揮作用，蘇丹政府於2008年年末與反抗派民兵停戰，隔年正式締結和平協定。

第二節　聯合國小型武器會議

聯合國秘書長蓋里的呼籲與小型武器問題的決議

　　身為冷戰結束後首位聯合國秘書長的蓋里（Boutros Boutros-Ghali），曾發表名為〈邁向和平的課題〉宣言。[6]宣言內容則是，在面對新時代，有關國際社會的和平與安全保障等的綜合性思考。一般認為蓋里有聲援馬利總統科納雷（Alpha Oumar Konaré）之意，因為他深受內戰結束後武器氾濫之苦。

　　1995年，蓋里提出後續報告，[7]其中也提及裁軍相關課題。蓋里一方面指出，冷戰後流向政情不穩的開發中國家的武器急遽增加，同時也呼籲衝突之後的和平建設中，推動「微觀裁軍」

---

[5] *International Herald Tribune*(2008.3.25), "More obstacles for Darfur peacekeeping mission".

[6] A/47/277。

[7] A/50/60。

（Micro-Disarmament）極為重要。在特別緊要的問題上，他列舉小型武器及人員殺傷地雷，並兩次提及：「為找出解決這些問題的有效方法，我從心底認為，現在就應該開始進行」；同時力陳，「在努力的過程中，將盡最大可能扮演我的角色」。所謂「微觀裁軍」乃是指非大規模毀滅性武器的裁軍，而小型武器及人員殺傷地雷正是最好的實例。蓋里秘書長的發言，充分反映出許多人對於冷戰後國際社會現狀的看法，因而評價極高。

　　有關人員殺傷地雷問題，CCW已經開始進行討論，因而小型武器的因應對策也應該儘早檢討。正如前述，在這一年的聯合國大會上，日本與哥倫比亞、南非等共同提出決議案，主張應該開始檢討小型武器問題，獲得壓倒性多數的贊成，該決議案順利通過。在類似聯合國這樣的地方，較其他國家率先做出明顯可見的貢獻時，即能在國際上獲得極高的評價，日後這一貢獻即成該國的財產而留存。日本在1960年代提出傳統武器的規範問題，或在小型武器問題上喚起國際社會的注意，並率先致力於形成國際社會的共識等，這些都應該給予正面的評價。

專家會議

　　上述決議案決定設置專家小組，以檢討小型武器問題，並於隔年開始進行。1997年提出檢討結果報告書，其中包含24項建議。[8]這是在防止過度持有小型武器及過度交易的相關對策方面，世界上最早的國際報告書。具體而言，該報告書是訴求：應訂定生產小型武器及其出口時應依循的規範或指針，以及遵守

---

[8] A/52/298。

1996年聯合國裁軍委員會所通過的武器交易管理條例。

　　報告書中更進一步強調，衝突結束時和平協定或維和部隊的任務中，應該清楚記載解除武裝及武器回收等的處理方針，獲得和平後應採取「兼顧治安與開發的綜合性措施」。這一連串的行動被稱為解除武裝、復員、重返社會（disarmament, demobilization and reintegration, DDR）。

　　此外，報告書也建議：「聯合國應該檢討召開國際會議的可能性，以全面探討非法武器的交易。」。聯合國接受這一建議，並決定在2001年舉辦聯合國會議。

　　如此一來，專家小組任務完成，但因為問題多樣且複雜，有必要持續進行檢討，因而設置小型武器的專家團體。這一專家團體將專家小組所提出的24項建議增為27項，新增項目包括在武器的製造階段時即應該加上刻印等。專家小組與專家團體在實質上並無差異。換言之，在正式召開政府間會議前，由精選的專家分兩階段進行檢討。

日本的貢獻

　　從提出小型武器決議案到成立專家小組與專家團體，以及這些場合的報告書案的起草、提出、協商、成立等，日本都處於主導立場而做出貢獻。此外，無論是專家小組或專家團體等，都是由日本的堂之脇光朗大使擔任主席職務，對於當時各國尚未有高度認識的這一問題，成功整合出具有積極內容的報告書。當時的相關人士中，也有人將堂之脇光朗大使稱為「father of small arms（小型武器之父）」。直到2001年正式召開政府間會議為止，聯合國曾舉辦過三次準備會議，日本也擔任副主席一職，對該會議

的進展做出貢獻。此外，2000年的九州、沖繩高峰會時，在宮崎所召開的外交部長會議上，也就G8各國應實施的具體措施，成功獲得共識，其中包含若小型武器有被濫用於鎮壓人民或侵略之虞時禁止出口。

此外，日本為喚起國際輿論對於小型武器問題的關注，在世界各地召開研討會，並在協助各地區的武器回收、開發計畫方面，做出資金、技術上的貢獻。

哥倫比亞與南非之所以與日本一起成為小型武器決議案的共同提案國，主要是兩國分別屬於中南美與非洲這兩個受小型武器之害最嚴重的地區。此外，兩國長期以來也在聯合國積極參與這一問題。冷戰時代，美蘇兩國為提高各自的影響力，或為提昇與同盟國的合作，遂提供武器給中南美與非洲各國，而當冷戰結束之後，則轉而提供大量過剩武器。

另一方面，歐洲各國作為小型武器的主要生產國，其狀況與美蘇兩國相同，但受到NGO與輿論的強大壓力，對於小型武器的規範大都皆很熱心。在小型武器的決議上，歐盟也曾想扮演主導性角色，因而在國際社會進行各種工作，但因為哥倫比亞與南非對此事態度消極，因而未能實現。

熱心於小型武器規範的NGO

在小型武器問題方面，NGO組織也有顯著貢獻。儘管有許多NGO都參與其中，但扮演主要角色的是「小型武器國際行動網（International Action Network on Small Arms, IANSA）」。該組織成立於1998年，為NGO的相關組織，現在約有700個團體加入，活動遍及100國。在傳統武器方面，與人員殺傷地雷的國際反地

雷組織，主張廢棄集束彈的集束彈聯盟等，並列為主要的民間團體。

　　其活動範圍相當廣泛，具體而言，除與各國NGO組織應有的聯絡、合作外，在國際會議上訴求，進行展示等活動，遊說各國政府，以及藉由包含刊物在內的各式方法，提供許多資訊等。2007年年底，巴基斯坦前首相布托（Benazir Bhutto）被暗殺時，小型武器國際行動網很快便採取行動。為了確保預定隔年春天舉行的選舉在不受武器威脅且無暴力下進行，該組織呼籲巴基斯坦國內的NGO發起運動。此外，IANSA也呼籲各國政府應該要求其駐巴基斯坦大使向巴基斯坦政府進行遊說。

　　小型武器國際行動網也成為後述《武器貿易條約》的強力推動者，他們依循專家意見擬定條約案，而後向各國政府遊說。各國政府與NGO的關係，因國家而有所不同。就NGO而言，對於政府在回應NGO的要求這點上，有著種種的不滿，但客觀來說，NGO的活動對於政府間的交涉有著貢獻，卻也是不爭的事實。

　　參與小型武器問題的個別NGO組織很多，其中，國際警覺組織（International Alert）、英美安全資訊委員會（British American Security Information Council）、安全世界（Saferworld）等，都有豐富的活動經驗。《小型武器調查報告》（Small Arms Survey）為日內瓦國際問題研究所（Graduate Institute of International Studies in Geneva）所發行有關小型武器的最高權威資料。

　　在日內瓦，國際小型武器行動網及相關的NGO等民間團體與對小型武器特別關心的各國政府代表，定期召開會議，這被稱為日內瓦論壇（Geneva Forum）。紅十字國際委員會也經常參

加。會議上除了就現狀進行分析外，面對即將舉行的國際會議，NGO與政府代表也可以自由交換意見。日本當然每次都出席。對於各國政府而言，這是個可以吸取民間意見的機會，也是個讓NGO理解政府想法的極好場所。

最早的聯合國小型武器會議

按原定計畫，2001年7月聯合國小型武器會議在紐約召開。主席則由哥倫比亞前外交部長駐日內瓦代表雷耶斯（Reyes）擔任。雷耶斯與堂之脇光朗大使都是從專家團體時代就參與討論小型武器問題的人物，強烈希望能擔任小型武器會議的主席。就日本而言，因為積極參與小型武器問題，相當有機會由日本人出任主席一職，但考慮到與他國的合作也非常重要，而哥倫比亞本身也遭受小型武器的嚴重傷害等，最後日本支持雷耶斯大使成為主席候選人，而日本自然成為副主席國。

聯合國小型武器會議不僅只意味著在聯合國召開有關小型武器的會議，同時也象徵國際社會關注這一問題，並試著檢討規範的方法，可說是一種國際運動的正式開始。會議中通過《從各層面防止、打擊和消除小型武器和輕型武器非法交易行動綱領》，其中清楚記載各國應採取的措施。此外，五年後也將就行動綱領進度進行全面檢討，並決定在這段期間召開兩次中間會議。

2003年第一次中間會議的主席由日本的裁軍代表部大使豬口邦子擔任，這凸顯日本持續重視這一問題的態度。另外，2005年第二次中間會議的主則由芬蘭的帕西帕託卡（Pasi Patokallio）大使擔任。

第三節　聯合國小型武器行動綱領

以「非法交易」為對象

　　與地雷及燃燒彈相較，小型武器在規範上有著極大的不同，特別是有關「現在」一詞或許應該先做說明。在地雷及燃燒彈方面，CCW議定書及《渥太華條約》等具法律約束力的國際法已經生效，但另一方面，有關小型武器所擬定的行動綱領卻不具有國際法的效力。類似這種文書被稱為「政治上的協議」或「政治文件」。在小型武器問題上，除了聯合國的行動綱領外，如非洲大湖地區或歐盟等區域方面通過的指導原則等，全都是政治上的協議。

　　行動綱領限定的對象為小型武器的「非法交易」。之所以被稱為「非法」，意味著不符合法令，但如此一來理論上可能只是違反各國的國內法及部分已生效的條約而已，但此處不應做如此狹隘的解釋，違反具國際法性質的《槍枝議定書》自然不用說，即使違反不具約束力的規則，如安理會所通過的各項決議或指導原則等，其交易也應該被視為違法。順道一提的是，英文中「illicit」較日語的「非法」一詞意義更廣。

　　聯合國專家會議認為，小型武器的根本問題在於過度持有與過度交易，2001年的聯合國小型武器會議也同意這一看法。若是如此，則規範對象便不應只限定在「非法交易」，或許連合法交易也應包含在內。況且，實際上非法交易與合法交易並無法明確區別，因此比較合理的是應該將兩者皆涵蓋在內。但擬定行動綱領的國家則認為，基於安全保障與維持治安等，任何國家皆需要

小型武器，因此有關其製造、進口、持有、使用等合法行為，不應成為國際性規範的對象。此外，美國國內對於槍枝管制的警戒心非常高，在不得不妥協的情況下，行動綱領的對象也就只限定在非法交易。但行動綱領對於合法交易也並非完全不加考慮，這點從名稱後來加上「各層面」一詞便可得知。[9]

將行動綱領由政治性協議提升為具有法律約束力協定的想法，並未被完全拋棄，行動綱領中也留下將來檢討的可能性（行動綱領IV1（c））。只是其記載並非是「法律協定」，而是經過幾度稀釋的一段文字，「檢討達成擬定國際性文書的可能性」，這點在閱讀時需加以注意。

另一方面，行動綱領也鼓勵各地區「締結具法律約束力的協定」（行動綱領II25），這部分的遣詞用字則較為直接。實際上，西非各國已經在進行。[10]

行動綱領的重點為規範非法交易

若從縱向及橫向來看行動綱領時，則更容易理解。所謂縱向即是有關小型武器的一連串行為，如生產、交易、使用等；至於橫向即是國內、區域性、國際間及援助相關等，小型武器的交易發生問題時的各種狀況。因為行動綱領大致依各種狀況（橫向）來擬定，因此相同問題（縱向）在行動綱領中便會重複出現。

行動綱領的主文（前文以外的部分）全部共包含61項。其

---

[9] 堂之脇光朗，〈小型武器問題と日本の対応〉。收錄於木村汎編，《国際危機學》（世界思想社，2002年），313頁。

[10] ECOWAS CONVENTION on small arms and light weapons, their ammunition and other related materials.

中，在縱向部分被提起最多的是小型武器的非法交易。其中直接提到非法交易問題的，在國內部分的23項中有10項；區域部分的8項中有4項；國際部分的10項中有4項；援助相關部分的18項中有3項等。顯然，非法交易問題為行動綱領的核心，這是因為問題本身非常複雜，並且衍生出許多罪惡事件之故。另外，所謂交易以外的行為指的是武器的回收、廢棄等。

基本上，行動綱領的橫向處理是國內的處理。換言之，實施行動綱領的主要責任終究在於各國政府，區域或國際社會僅是處於協助的立場。如果小型武器的國際規則已經非常完善，則國際社會便可要求各國履行其義務，但現實上卻非如此，因此各國依其責任實施行動綱領，國際社會則僅止於從旁協助。這就是行動綱領所擬定之規範的基本型態。

行動綱領的主要內容

整體性的說明到此為止，以下就探討行動綱領中特別值得注意的具體部分。在說明上，儘可能以簡單易懂的文字來進行，因此或者會與原文稍有不同。完整內容，請參照原文。

首先，有關小型武器交易方面，已就下列各項達成共識。雖然其中也包含交易以外的部分，但因為是一併討論之故，因而此處便不單就交易問題做說明。

- 加入行動綱領的國家應制定完善法令，以適當管理小型武器的製造、進出口、通過等。
- 對於非法行為應該課以刑罰，若無法如此，應進行必要的立法工作及採取其他措施。
- 武器上需加以刻印，且需刻印製造國名、製造號碼等，此

外還需採取必要措施，以防止無刻印的武器製造及流通。

- 有關製造、持有、轉移等的紀錄應完整。
- 應建立適當的進出口管理制度，其中包含出口許可審查、最後需要者證明等。為此，應促進區域及國際間有關稅關及警察等的合作。
- 再出口時，應儘可能事前通知原來的出口國。
- 對於中介應建立適當的管理制度，其中應包含登錄、許可制、罰則等。國際間應強化與此相關的各項問題的共同理解。
- 對於違反聯合國制裁決議的行為，應藉由司法、行政等方法，採取適當的措施。
- 各區域應致力於達成具有法律效力的協定，以防止非法行為。
- 各區域應暫時性停止武器的製造、轉移，並擬定區域性的行動綱領，以排除、遏止、防止非法交易。

其他問題上，也曾就下列事項達成共識。
- 廢棄所有沒收、回收的武器。
- 軍隊及警察等合法持有武器者，包含定期檢點在內，應適當管理持有的武器。
- 透過教育，正確理解非法武器交易所帶來的弊害等。
- 在衝突結束的狀況下，應確保適當地進行DDR等。同時，區域間或國際間應協助及促進DDR的實施。另外，聯合國安理會應將DDR包含於維持和平的業務中。
- 與NGO合作，共同推動行動綱領。

- 行動綱領的推動雖為各國政府的責任，但加強國際協助也極為重要，其中應包含：因應各國需要提供協助、「能力建設」（Capacity Building）、技術協助、警察行政的協助、有關刻印及追蹤的協助、司法共助、國際犯罪及恐怖分子的因應策略、教育及啟蒙方面的協助等。
- 2006年前召開小型武器會議，以檢討行動綱領的推動情形。

聯合國《槍枝議定書》的成立

聯合國《反對非法製造、販運槍枝及其零部件和彈藥議定書（Protocol Against the Illicit Manufacture of and Trafficking in Firearms, Their Parts and Components and Ammunitions）》，簡稱《槍枝議定書（Firearms Protocol）》，乃是繼CCW之後有關小型武器的國際條約，但該條約卻不是從規範小型武器的討論過程中產生的。進入1990年代，藥物犯罪、賭博、人身買賣、洗錢等國際性組織犯罪成為大問題，在先進國家領袖高峰會時這些問題也成為主要議題之一，並被進行廣泛檢討。面對這一情形，1997年聯合國經濟暨社會理事會所屬預防犯罪及刑事司法委員會（位於維也納），為了防止類似犯罪，開始就條約進行協商，2000年通過《打擊跨國有組織犯罪公約（Convention against Transnational Organized Crime）》。

儘管同一時期，聯合國也正進行小型武器問題的檢討，但非法武器交易本身便是國際組織犯罪。此外，在防止其他犯罪上，武器的規範也有其必要性，因此非法武器交易在《打擊跨國有組織犯罪公約》中也成為重要問題，雖然略遲於條約本體，但槍枝議定書於2001年5月以條約第三議定書的形式成立。

　　若將槍枝議定書與小型武器行動綱領進行比較時，最明顯的是前者為條約，但後者不過是所謂政治性協議而已。在內容方面也有下列差異：首先是兩者的名稱，議定書中視為對象的「槍枝（firearm）」，為可攜帶型槍砲，屬於小型武器的一部分（「小型武器」包含輕武器）。因此，相較於行動綱領以全部小型武器為對象，槍枝議定書不過是以其中的一部分為對象而已。

　　至於規範的程度，槍枝議定書較為具體，限制性也更強。例如，在發給進出口許可的條件上，槍枝議定書更加詳細、嚴格。槍枝議定書的制定時期，比行動綱領還要早2個月，但卻具有法律拘束力並且內容更加具體，之所以如此主要是因為槍枝議定書僅以小型槍枝為對象，並且協商當時正值國際間最熱門的話題，即防止國際組織犯罪這一強大的政治力量在其中發揮作用。

　　另一方面，對於聯合國小型武器會議進行強化規範一事，國際間雖有一定程度的理解與支持，但警戒心也相當強大。從小型武器問題的專家會議開始進行檢討時，以美國步槍協會（National Rifle Association, NRA）與武器產業為主，美國國內開始出現猜疑聲浪，認為聯合國是否企圖控制武器。聯合國小型武器會議之所以不得不將對象限定為「非法交易」，並且僅停留在政治協議的形式，其主要理由也在於此。

　　另外，與紐約的聯合國小型武器會議幾乎同時，維也納所進行的打擊跨國有組織犯罪公約與附屬議定書的協商，得以避開美國國內強大的警戒心，就相當具體的內容達成共識，並成為條約的一部分而成立，則是很重要的一步。

《槍枝議定書》的內容

下列所揭櫫各項行動的主體皆為締約國。

- 對於槍枝的非法製造或交易，或對於其上的刻印，加以偽造、竄改、去除等，應以刑事犯罪論處，應為此制定完善的法令。
- 應採取措施以沒收或廢棄違法製造或交易的槍枝。
- 刻印、進出口許可、出口國、進口國、經過國、最後領取者等的相關資料，應保留十年以上，以利槍枝的追蹤與識別。
- 槍枝上應刻印製造者、製造國、場所、製造號碼，或等同於此的記號。
- 進口時，若無進口國、進口年份、製造號碼等，應刻印等同於此的記號。
- 政府所持有的槍枝售予民間時，應於槍枝上刻印識別號碼等。
- 有關進出口及通過的許可等，應建立起具有效果的制度。
- 給予出口許可前，應確認有無進口許可；此外，若有經過國時，應確認該國有無異議。
- 對於貨物的領取，若有要求時，進口國應通知出口國。
- 在個別案例方面，締約國間應進行有關製造者、經銷者、進出口者等的資料交換，及其他合作。
- 中介方面，有關掮客的登錄、執照，及提供交易時掮客的進出口執照等，應建立制度。

第四節 行動綱領的發展

刻印、追蹤調查

對於刻印方面,行動綱領中同意採取的作法為,應刻印製造國名及製造號碼,未刻印的武器不能流通等。但僅僅這些則過於普通,恐怕無法充分進行追蹤調查。因而,各國在2004年設置作業小組,訂定相關細節,以利追蹤調查,並於約1年後的2005年6月通過規範。這是將行動綱領內容予以具體化,可說是在實質上又往前跨出一步。以下為其中主要要點。

- 在武器製造階段,除了製造國名及製造號碼外,製造者名稱、製造國的國家編號等也需刻印記載。此外,最好也能記載製造年、武器種類及型號等。

以下所揭櫫諸項,在行動綱領中原本並無記載。

- 進口時,需記載進口國名、進口年份(若有可能);製造時若無刻印,應記載等同於此的記號。
- 政府的庫存武器轉讓給民間時,若無追蹤調查所需的刻印,需記載由何國所轉讓的刻印。
- 建議採取適當措施,以避免製造者去除或變更刻印。
- 發現或保管未刻印的武器時,應刻印識別號碼並加以記錄或廢棄。
- 應訂定關於武器記錄的保存期限。
- 在追蹤調查的照會及回覆方面,有關各國間的合作、援助,及與國際警察機構間的合作等,皆應詳細規定。

另一方面,對於應該將其制定為具有法律效力的條約,或

僅只於政治文件等，也有一番激烈的討論，特別是中南美洲各國主張，應將其制定為具法律效力的條約。對此，反對國家眾多，其理由為：若制定為條約，等到批准生效恐怕曠日廢時等，因此這些規範最後成為政治文件。實際上，這一理由並不太具有說服力，只能說各國對於強化規範，警戒心依然強大。中南美洲各國之所以堅持將其制定為條約，主要原因是就深受小型武器之害的各國而言，若有條約在國內則較容易立法或採取其他相關措施。直到現在，這些國家仍然主張應將刻印、追蹤調查等予以條約化。

彈丸

據指出，「彈丸」上刻印在追蹤調查上極具效果，也經常成為能夠推論出犯人的線索。20餘年前發生在洛杉磯有名的日本人射殺事件，便僅留下「彈丸」。此處所稱「彈丸」乃是指一個個的子彈及置入子彈的彈藥筒。一旦發生事件，武器留在現場的情形並不多見，但所使用的「彈丸」卻時有發現，成為有力的證據。

「彈丸」上應該刻印的內容與武器相同，即製造者、製造年份，製造號碼、出貨時的領取者（國）等。多數認為，在每個彈藥筒上刻印較好。此外，一般也認為，應以法令對軍方或警察附加義務，令其只能使用適當刻印的「彈丸」；同時製造者也應該建立完整的「彈丸」製造的相關紀錄等。

關於「彈丸」的刻印問題，在有關刻印及追蹤調查的文書協商時，便已經提出討論過，儘管許多人認為「彈丸」上刻印應該納入文書中，但基於實施的可能性及現實的考量等兩點，認為時機未到的意見更為強大，因此最後並未列入2005年所通過的文件

中。只是有意見認為，就實施的可能性而言，實際上也有國家在「彈丸」上刻印，因此這不能成為反對的理由。另一方面，現實的考量是：行動綱領的各項規定就現狀而言都還未能完全施行。此外，要推動這一計畫，所需的人力、費用甚鉅，因而立即推動有所困難。

之後，小型武器國際行動網等NGO組織及支持這些組織的歐洲各國等，大力主張應該持續推動。2006年的聯合國大會上，在德、法兩國的強大主導下，決定設置專家會議，以檢討該問題。會議將檢討結果做成報告書，並提交2008年的聯合國大會。

中介

有關中介一事，因為防衛省的武器採購問題，最近在日本也成為話題，若能合法進行，確實會有所助益。但另一方面，惡劣掮客橫行，因其非法中介所提供的武器激化衝突，造成相互殘殺。無論好壞，說中介為小型武器的最大問題，一點也不為過。

世界各地區已經先行展開相關對策。東非、大湖地區（Great Lakes Region）、非洲之角（Horn of Africa）、南部非洲發展共同體（Southern African Development Community, SADC）、西非國家經濟共同體（Economic Community of West African States, ECOWAS）、美洲國家組織（Organization of American States, OAS）、歐洲安全與合作組織（Organization for Security and Co-operation in Europe, OSCE）、歐洲聯盟（European Union, EU）、亞太經濟合作會議（Asia-Pacific Economic Cooperation, APEC）、東南亞國家協會（Association of Southeast Asian Nations, ASEAN）等，對於規範非法中介已經做成區域性的決議。

　　進入1990年代後，儘管聯合國已充分了解在安哥拉、獅子山共和國、阿富汗、剛果、賴比瑞亞、盧安達等的衝突中，因非法提供武器所引發的問題，但因為聯合國需緊急處理的問題太多，例如結束戰爭、維持和平、解除武裝、復興、難民政策等，因而致力於討論中介問題的時間點，較上述各地區略嫌遲緩。但在擬定小型武器行動綱領後，對於該問題的重要性、緊急性等的認識加深，由日本、哥倫比亞及南非共同提出的2005年聯合國小型武器決議中，便決定設置專家會議以討論中介問題。

　　來自日本的專家柳井啟子也參加這一專家會議，對於審議及意見的整合做出貢獻。會議共舉行三次，並於2007年7月通過審議結果的報告書，其中也包含專家會議的建議。主要內容如下，但同樣地用語上為求簡單易懂，大膽加以意譯。特別是「希望（「望ましい」）」一詞改為「encourage」的被動型。

國家層次

- 有關中介的適當管理，各國應負主要責任。至2007年年中為止，對此問題僅有40國制定法令，希望其他各國也能制定必要的法令。
- 依照前例，掮客應就國籍、住址、有無其他業務及其說明、武器交易範圍等，負有事前登錄的義務。之所以有此必要，主要是為了進行個別交易時取得執照或許可。藉由事前登錄制度，相關國家政府得以檢查個人有無違法交易。
- 各國應將登錄的資料視為記錄加以保存。
- 掮客多數擁有相關業務（associated activities），應對其進行適當的管理，以確保中介規範的有效性。

- 依慣例，對於各項交易，可以要求掮客將記載中介業務實際情形的記錄，包含相關商業文件及公文書等，保留一定期間，其中不乏有要求其應定期向政府報告之例。
- 中介業務的執照取得，以每筆個別交易或每批交易為原則。
- 只要是該國所進行的交易，即承認該國有國家管轄權。也有國家立法規定本國國民在海外的業務也適用於此。
- 希望培養相關人員，以確保中介問題專家及確實遵守法令。
- 希望能實施相關措施，以防止最後需要證明及其他文件遭到偽造。
- 希望能制定認定手續，以分辨掮客所提出的進出口許可書、最終需要證明書、信用狀等文件的真偽。

國際層次

- 就性質而言，中介規範若缺乏國際間的合作，即無法發揮效果。
- 對於掮客所提出的文件真偽的判別、遵守法令的保證、違法交易的調查，及刑事處罰等，希望事先建立各國的合作機制。
- 其他有關援助合作及回應安理會所決議的全面禁運等事項，皆有相當詳細的說明。

　　有關中介問題的專家會議報告中，常常出現如同上述「希望應該如何如何」，之所以如此應該是當時各國意見還無法整合，因此不得不採取這種作法。但就內容而言，其中對於中介問題進行綜合性分析，同時也就今後應該檢討的課題提出幾項有益的建言，因而也可以給予正面的評價。就程序上而言，今後的發展應

該是朝向取得各國政府的共識。面對複雜奇異且巨惡橫行的非法中介問題，期待各國可以強化因應對策。

死亡商人

接著，將就非法交易的實際情形加以說明。在武器交易方面，公開場合有商業公司所進行的進出口中介；但另一方面，暗地裡甘冒危險進行非法交易，企圖一攫千金者也蠢蠢欲動。例如，如果將武器走私到聯合國採取禁運的國家或地區時即可獲取暴利，因此惡質業者暗中極為活躍。日本雖然進口武器，但原則上並不出口，因而類似這種非法交易，特別是出口方面關係不大。但在歐美國家方面，對於從事非法交易的掮客擬定因應策略即成為迫切問題，因為非法提供武器將會受到批評。就這點而言，正好與日本處於相反的狀態。

掮客進行非法武器交易時，幾乎不可能高掛「武器交易」的招牌，通常都以貿易或運送等為名加以遮掩，因而要想掌握非法交易的實態相當困難。此外，提及非法交易時，多半的印象為隱身暗處祕密進行，但實際上也曾經發生過有如豪奪強取般的事件。例如，經發生過堆放在貨櫃中的幾十噸武器，連同整個貨櫃被搶奪的事件。這在英語中稱為「用虹吸管吸乾」。

1992年開始持續數年的前南斯拉夫聯邦內戰中，許多人遭到殺害，波士尼亞首都塞拉耶佛的足球場變成墓地，這真是悲傷歷史的一個場景。1995年，在波士尼亞，和平協定終於成立，與此同時，多國籍軍隊開始回收大量的武器及彈藥，並加以保管。然而，其後為維持伊拉克的治安，開始出現活用這批武器的意見，數十萬具小型武器及彈藥2004年到2005年間被送到伊拉克。承包

此事者為將據點設於鄰國克羅埃西亞首都札格雷布的掮客與運送業者，在獲得美軍的保證下開始進行運送，但據說這批武器彈藥最後並未送到目的地伊拉克，在中途某地便已行蹤不明。

只是運送到伊拉克的武器途中不見，似乎並非罕見之事。2003年2月，卡琳卡特（Karin cat）號從比利時安特衛普出發前往卡達杜哈途中，在地中海沉沒。據說是因為受到嚴冬暴風雨與巨浪侵襲，造成貨物崩垮因而翻覆，船員在船隻沉沒前逃離，最後被馬來西亞船隻安全救起。

丹麥船主說明，船上的貨物為開採石油的相關機具，但透過丹麥當局對於船隻沉沒原因的調查，實際情形可說大相逕庭。卡琳卡特號確實裝載250噸石油的相關機具，但除此之外，其他也裝載彈158噸的藥、攜帶型飛彈、雷達用車輛（radar truck）等。卡琳卡特號進入安特衛普港前，到過義大利拉斯佩齊亞（La Spezia）、波蘭格丁尼亞（Gdynia）、喬治亞波季（Poti）、蒙特內哥羅巴爾（Bar）、塞浦路斯利馬索爾（Limassol）等，全部都是有軍事相關設施的港口。此外，卡琳卡特號也在俄羅斯聖彼得堡（Saint Petersburg）及英國托灣（Tor Bay）的船塢等進行修理，之後進入安特衛普港裝載貨物，當時船主指示還有貨物需要放置，必需留出空間。

2003年1月27日，卡琳卡特號從安特衛普出港，進入泰晤士河口的船塢，在此又裝載141噸彈藥。這批彈藥的買主為阿曼（Oman）的國防部。接著，卡琳卡特號到法國瑟堡（Cherbourg），在此裝載35噸的「西北風（Mistral）」飛彈及雷達用車輛等。接著又到義大利塔拉莫（Talamone），在此又裝載17噸彈藥，而後朝蘇伊士運河航行。

　　卡琳卡特號過去曾有從事運送軍需物資的經驗，此外也具有運送危險物資的資格，因此這次航行裝載大量武器並不是奇怪的事。但在許多港口裝載貨物卻有些不尋常，因此令人懷疑是否與後來展開的對伊拉克作戰有關。卡達的首都多哈（Doha）對日本人來說，因為足球等極為熟悉，在美國對伊拉克作戰時，此地則成為軍事支援的中心點。如此多種的武器及攜帶型飛彈，有可能是提供給民兵或民間人士使用，不過這僅是推測。

　　大量武器去向不明有可能嗎？或許有人會抱持懷疑態度，在此做一介紹，以供參考。依照2007年7月美國會計檢察院向國會所提出的報告[11]，其中記載應該提供給派遣到伊拉克的多國籍軍隊的武器（步槍及手槍）19萬挺去向不明。報告中對於原因的說明為，這些武器是以美國的資金來提供，因為是武器，因此並非是以一般的援助方法來進行；其次，多國籍軍隊方面缺乏統一的管理制度等。我們無法確認這19萬挺的武器是否便是卡琳卡特號所運送武器的一部分，但無論如何，不能否定的事實為，對於危險武器的管理，其疏漏的程度令人驚訝。

　　許多掮客提供武器給發生在世界各地衝突的當事者，對於他們非常獨特的行動，英國負責歐洲事務的大臣皮特‧海恩（Piet Hein）稱他們為「死亡商人」，有些有名的掮客甚至被美國政府視為危險人物，如維克托‧布特（Viktor Bout）即是其中之一。依《The Arms Fixers》[12]、《新聞週刊（Newsweek）》、NEWS SERVICE的公共廉潔中心（Center for Public Integrity）、《瓊斯母

[11] GAO-07-711.

[12] Wood, Brian and Peleman, Johan, *The Arms Fixers*, Norwegian Institute on Small Arms Transfer (NISAT) and Peace Research Institute, Oslo (PRIO).

親雜誌（Mother Jones Magazine）》等雜誌的報導，維克托‧布特（Viktor Bout）的生平如下。

　　布特，1967年生，塔吉克人。畢業於莫斯科的外語軍事學院，精通6種語言。曾以蘇聯空軍身分參與1980年代的阿富汗戰爭，退伍後開始從事冷戰後大量廢棄武器的交易，也被認為是KGB的情報員。

　　布特所以廣為人知，是因為安哥拉。安哥拉在1975年獨立後，受蘇聯等共產國家援助的政府，以及受美國與鄰國南非援助的安哥拉全面獨立民族同盟（The National Union for the Total Independence of Angola, UNITA）持續進行內戰，產生大量難民等，情勢長期混亂。

　　在蘇聯軍隊撤離後，布特仍然留在安哥拉，因當時有大量的蘇聯製飛機殘留在安哥拉，他運用在當地的經驗與知識，從事飛機的維修工作。很快地，布特便與UNITA建立起深厚關係，更提供武器給他們。UNITA過去與政府甚至與蘇聯皆處於對立的狀態。隨著冷戰的結束，1992年在安哥拉停戰協定成立，但因為選舉之故，政府與UNITA間的對立、衝突再起，過去受美國支持的UNITA，在聯合國受到嚴厲的批判，聯合國對安哥拉採取全面禁止鑽石交易的措施。這對透過走私鑽石來獲取豐富資金的UNITA打擊甚大，因而勢力減弱，被迫撤離到鄰國納米比亞邊境附近，企圖東山再起。布特便為UNITA從世界各地採購武器。

　　保加利亞有個名為布爾加斯（Burgas）的城鎮。因為面臨黑海，氣候溫暖，周圍散布許多休閒勝地。布爾加斯有著設備良好的機場，布特先將武器集中於此，然後空運到世界各地。其中之一便是非洲的多哥共和國（Republic of Togo），從1997年7月到

隔年10月總計運送37次，其中有82釐米迫擊砲彈2萬發、對戰車
火箭炮6300發、AK47M1步槍790挺、火箭炮發射台1000台、對戰
車火箭炮發射台500台、對飛機飛彈100發、飛彈發射台20架，加
上大量的彈藥。布特之所以將運送的目的地設為多哥，主要是因
為若直接運送到衝突地區，被發現的危險性極高，因此先將武器
送到他處，繼而從該地走私到安哥拉。從聯合國的報告中清楚看
出，從布爾加斯空運到多哥的武器，最後落到UNITA手中。

不僅是武器交易，國際交易都必須添附證明領取者是否確實
收到物品並使用的「最後需要者證明」。武器之類需防止其落入
第三者手中的物品，更是需要「最後需要者證明」。布特偽造證
明書，交給從多哥飛往布爾加斯載運貨物的飛行員。此外，調查
結果也顯示，布特曾以郵寄方式直接送到布爾加斯，這是由布特
本人從阿拉伯聯合大公國的杜拜所寄送的。

假證明書乃是由多哥的某位陸軍上校於1997年7月合法做
成，但被非法交給UNITA的代理人，然後將其竄改而成。當時
多哥正協助UNITA，這位陸軍上校試圖將送往多哥的武器交給
UNITA，只是這也有可能全部都是布特所策畫的計畫。

布特擴展在安哥拉的活動後不久，也強化與阿富汗塔利班
的關係，這方面的策略乃是利用比利時奧斯坦德（Oostende）機
場。1994年，布特與法國人商業夥伴共同在比利時設立泛航航空
網絡集團（Trans Aviation Network Group），並雇用比利時人飛行
員開始其事業。以奧斯坦德機場為據點的航空貨物運送事業急速
成長，接著，便開始與塔利班的交易。當時為1995年8月，正值
塔利班在阿富汗以打倒拉巴尼（Burhanuddin Rabbani）政權為目
標的時期。然而，在阿爾巴尼亞所採購的武器，將送往阿富汗拉

巴尼政府的貨機為米格21所捕獲，被強迫降落在塔利班控制領域
內的機場，發生俄羅斯人機員被逮捕的事件。在塔利班勢力強大
的南部城市坎達哈（Kandahar），布特及俄羅斯的外交官與塔利
班的最高領導人穆罕默德・烏瑪（Muhammad Umar）會面，要求
釋放機員。當時會談並無結論，但在這之後，布特依然堅持繼續
進行交涉，一年後的1996年8月，俄羅斯人機員7人，全員成功被
釋放。

　　據稱，因為飛機被迫降落事件，布特與塔利班間建立起合作
關係。塔利班協助蓋達組織（Al-Qaeda），並為賓拉登提供藏身
之所，這已為大家所熟知，而布特所經手的武器交予蓋達組織的
可能性極高。

　　布特的大手筆活動似乎也為各國政府所注意。前述英國官
員海恩回答國際新聞記者調查聯盟（International Consortium of
Investigative Journalists, ICIJ）記者詢問時曾指出：因為布特進行武
器走私的關係，在安哥拉、獅子山共和國、剛果等地造成極大的
傷害。國際新聞記者調查聯盟為總部設於美國華盛頓的國際新聞
記者團體。

　　聯合國也開始調查布特的活動。阿拉伯聯合大公國為布特的
活動據點之一，2002年初，面對聯合國的調查時，該國說明已經
採取禁止布特入境的措施，遑論在該國活動。隔月，比利時當局
也以洗錢嫌疑，要求國際警察逮捕布特。

　　美國從柯林頓總統時代便試圖去除布特，財政部將其列入黑
名單中，布希總統更簽署命令，禁止任何美國人與布特交易，而
美國緝毒局（Drug Enforcement Administration, DEA）也追蹤調查
布特。但因為布特巧妙滲透到美國政府的活動中，因此去除工作

相當困難。對伊拉克作戰所需的機材，美國是委由空中巴士（Air Bus）——一個名稱令人容易混淆的公司所經營的包機來運送，而空中巴士便是由布特的兄弟謝爾蓋（Sergey）所經營的。對於空中巴士的付款乃是匯給哈薩克的公司，而這家公司即是布特的飛機租賃事業的承包商。這些都是透過聯合國的調查而得知。

事實上，在這之前，美國國會已就這一問題向國務院及國防部提出質詢，但其後空中巴士的運送依然繼續進行。要飛往伊拉克必須獲得美軍的許可，此外加油也是一大問題。國防能源支援中心（Defense Energy Support Center, DESC）的紀錄上似乎也記載8月4日曾對空中巴士的貨機進行加油。

神出鬼沒，幾次都躲過追捕的布特，2008年3月終於在曼谷被美國緝毒局與泰國警方逮捕。

《武器貿易條約》

小型武器行動綱領的目的為防止、遏止、除去非法交易，但對於合法交易也並非不加以管理與規範，只是非主要課題而已。合法交易的管理與規範一般被認為是所謂《武器貿易條約（Arms Trade Treaty, ATT）》問題。這一條約的特徵為：條約本身提示武器交易的條件，若能滿足這些條件即受到認可。

日本的狀況則稍有不同，將原本武器出口三原則進一步改為禁止所有武器出口，而歐美各國因是武器主要製造商及出口國，允許武器出口時，其條件如何即成為問題。特別是常常發生武器在出口階段時為合法，但之後則成為非法交易，被濫用於衝突中。從事人道救助的NGO除了揭露這類事實外，更主張應嚴格管制出口許可，因為在出口時應該就能預測到這類危險性。

其間，歐洲各國也曾採取各種行動。歐洲安全與合作組織（Organization for Security and Co-operation in Europe, OSCE）及歐盟分別自主性制定指導原則，只是其重點在於滿足技術上的條件，出口許可的基準未必明確。此外，指導原則並不具備法律拘束力；再者，歐洲以外的地區也需要確保適當的出口許可，因此英國便積極提案檢討簽署條約。武器交易的規範上可說處於先進立場的日本，在推動該檢討運動上也扮演積極的角色，因而在聯合國的相關決議中也成為共同提案國。

2006年的聯合國大會通過武器貿易條約的相關決議文。其中，俄羅斯、中國、印度、巴基斯坦等國皆棄權，而美國則是唯一的反對國。在傳統武器方面，類似這種僅有美國反對的情形，在布希政府時代逐漸增加。依通過的決議文，2008年設置專家團體，以檢討在訂定有關傳統武器的進出口及武器移讓的國際基準方面，簽署具法律約束力條約的可能性。此外，條約的適用範圍與內容等也是檢討要項。檢討作業於2009年中結束，同年秋季的聯合國大會上決定2012年召開聯合國武器貿易條約會議，以便協商擬定條約案。

行動綱領的強化

2001年通過的小型武器行動綱領為劃時代創舉，儘管內容未臻完善，但如果包含現在仍在進行中但尚未完成的各項措施，在追蹤調查、中介、制定武器貿易相關的規則（《武器貿易條約》）上，已有相當程度的改善。只是一般還是認為，就小型武器所帶來的巨大傷害而言，這種程度的改善並不足以令人滿意，有必要做進一步的努力。

　　按原定進程，小型武器行動綱領所預定的檢討會議，於5年後的2006年6月底到7月初間召開。順道一提的是，有關間隔5年一事，就一般論而言，間隔4年或6年也可以，但無論是核武、生物武器或人員殺傷地雷等，皆是每隔5年召開檢討會議，因此在裁軍的世界裡，5年被認為是個適當的間隔時間。

　　那些亟欲強化行動綱領的人認為，會議本身是個良機，因此對於參加會議的國家進行遊說。此外，有人預期，因為相隔5年再度召開檢討會議，若無具體成果便屬失敗，因此即便多少有些勉強，無論如何都需得出結果。這類積極強化論的象徵便是，由小型武器問題的NGO組織小型武器國際行動網所提出的強化行動綱領的10項提案[13]。此外，在人員殺傷地雷的《渥太華條約》方面，5年後的檢討會議上，新通過包含數十項在內的行動計畫，這對積極派人士而言，乃是個強而有力的前例。在小型武器方面，其出發點並非是條約而是行動綱領，因此強化行動綱領即成為目標。

　　但在檢討會議前所召開的2次中間會議等時，清楚呈現許多國家對於強化行動綱領的態度並不積極。此外，檢討會議的開議時間僅有兩周，要從零開始討論新的想法繼而達成協議，幾乎是不可能的事，因此身為檢討會議議長的斯里蘭卡大使卡里雅瓦薩（Prasad Kariyawasam）便另訂目標，不準備修改行動綱領，而是另外制定文書，並在文書中儘可能納入最大限度的內容。具體而言，他希望發表總結會議結果的宣言，儘管從會議召開前便開始精心進行各項準備，但在會議上除了這一問題外，其他的意見分

---

[13] *IANSA position papers for the Preparatory Committee for the United Nations Conference to Review Progress Made in the Implementation of the POA* (9-20 January 2006).

歧也相當嚴重，因此包含強化行動綱領在內的實質問題，最後並未達成任何協議。

第五節　需求者的問題

對需求問題的關心

　　正如前述，列入小型武器行動綱領中的事項，大多與武器交易相關，例如武器的製造、進出口、交易、領取、中介等。雖然從武器使用時便開始進行追蹤調查，但其目的不外乎是為了掌握交易的過程。

　　另一方面，在武器的需求面與供給面也存在著問題。在需求面上，例如停戰或和平協定成立後，衝突當事人或當地居民是否應該放棄武器等。但事實上，他們多數並不會立即放棄武器。但他們若是擁有武器時，其他人員或團體也會持有武器，如此一來不但狀況不會穩定，更可能成為再度發生衝突的原因。而之所以會再度發生這類不穩定的情況，其背景因素就在於貧窮。結束衝突、實現和平固然重要，但如果不在因衝突而荒廢的地區進行復興、改善經濟，即無法真正解決問題。關於這點，很早便在小型武器的專家會議上被提及。

　　2001年秋天，在塔利班政權結束後，過去割據阿富汗全國的武裝勢力皆已解體，許多士兵回歸原來的生活，這可說是一大成就。但在此時，若只從武裝勢力與士兵手中收回武器並不足以解決問題，必須完整建立士兵回歸社會的條件才行。這便是行動綱領中所提及的解除武裝、復員和重返社會（DDR）。

　　G8會議決定以分擔方式協助阿富汗的復興事業，日本則負

責DDR。從2003年2月在日本召開國際會議時,阿富汗的DDR便開始進行,之後也順利展開。2006年6月,各國又在日本召開國際會議,此次會中確認已經達到預期成果,於是決議結束DDR。那段時間,日本政府在駐喀布爾大使館中設置DDR班,在民間活躍人士(伊勢崎賢治,東京外國語大學教授)與各國派遣的退伍軍人的協助下,推動DDR活動。

對於如何解決衝突,日本一直認為實施復興計畫非常重要,因此在各種場合不遺餘力進行訴求,即便在聯合國小型武器檢討會議中,日本也主張應強化對於需求問題的因應,因為這部分在行動綱領中僅略為提及,並聽取可以成為範例的柬埔寨及獅子山共和國等的具體實例,之後則與各國進行意見交換。

2007年3月,日本政府邀請各國政府代表、專家等,在東京召開研討會。會議深入了解現行國際社會所關心的武器問題與需求者的各項問題,並就今後應採取的措施等進行意見交換,其結果則刊載於〈主席摘要〉[14]。其中指出要對交出武器者給予報酬。基本上,儘管收購武器的方式在世界各地進行,但這是否有效端視當地的狀況而定。此外,在基本的需求與供給的關係外,都市與鄉村的差異,性別、有無槍枝文化等皆有必要加以考量。至於對策方面則有強化村落等的教育、強化村落居民與軍隊及警察的合作、立法禁止居民持有武器、將武器政策列入國家開發計畫、改革治安部門等等。

---

[14] 外務省:小型武器東京研討會,「議長摘要」,2007年3月。

非政府主體

採購武器最多者為各國政府，但所謂非政府主體也會採購武器，或以其他方法入手。然而，對於是否應該禁止將武器提供給非政府主體卻有爭論。

對於國內有反政府勢力的國家而言，提供武器會使得反政府勢力的實力增強，乃是攸關國家存亡的重要問題，這些政府當然主張應該要禁止。

另一方面，美國雖然不同意提供武器給恐怖分子，但卻主張不應該全面禁止提供武器給苦於苛政的非政府主體，此外也認為不應在小型武器會議檢討此一問題。其背景則是美國本身就歷史而言在獨立以前也是非政府主體，同時援助中南美洲諸國的民主勢力，以對抗軍事政權的壓迫，這也是美國的傳統政策。

但試圖限制反政府勢力獲得武器的開發中國家則反駁說，美國的主張有所矛盾，因為過去美國認為強化小型武器的規範，應只限於非法交易。的確，美國主張小型武器的規範應僅限於非法交易，特別是在後述有關民間人士持有武器問題上更是特別強調這點。儘管美國態度有所矛盾，但就美國而言，無論是提供武器給非政府主體不受限制，或是民間人士持有武器不受限制等，皆是重要問題，因此也不打算改變其主張。

2006年的檢討會議曾就這一問題進行討論，但結果卻無法獲得共識。

民間人士持有武器

對於是否限制民間人士持有武器一事，意見的對立也相當激

烈。深受小型武器之害的非洲及中南美各國等強烈主張：應禁止
民間人士持有武器；但美國對此並不認同，認為依國情不同，武
器可以合法持有，不應一律禁止，同時主張這一問題應在小型武
器會議上進行檢討。

　　兩者意見之所以相左，主要是對於民間人士持有武器與犯
罪間的關係看法不同之故。根據2007年8月所發表的《小型武器
調查報告（Small Arms Survey）》，全世界約有八億七千五百萬
具小型武器，其中約75%（相當於六億五千萬具）為民間人士所
持有。美國民間人士的持有量約二億七千萬具，相當於每百人
即擁有90具以上，為全世界最高比例。以國家為單位來看時，
依序為印度4600萬具（4.6具／100人）；中國4000萬具（3.1具／
100人）；德國2500萬具（30具／100人）等，而俄羅斯則據稱有
1275萬具（9具／100人）。

　　從過去以來，各國即曾就民間人士持有武器與槍枝殺傷事件
是否有所關連進行過討論，大致皆認為兩者有所關連。但從上述
各國每百人武器持有量的資料可以推測，每人槍枝持有量與使用
槍枝的犯罪事件的數量間並無關係。

　　在美國之外，瑞士的每百人武器持有量僅次於美國，為46
具。但瑞士所發生的武器使用事件的數量卻不多。瑞士為全民皆
兵的國家，簡單來說，凡是成年男子（職業軍人為少數）家中必
然放置槍枝，遇到訓練時，便攜帶槍枝趕赴集合場所。這也是民
間人士持有的武器，其數量雖然超過統計，但並不像美國有著將
武器用於自衛的想法。這可以說是文化上的差異。

　　另一方面，巴西每百人為8.8具，就數字而言比例不高，但
該國死亡原因最高的卻是小型武器，政府對於如何因應也深感苦

惱，因而一直以來巴西政府都致力於強化武器的規範。2005年，
巴西政府向國會提出禁止持有小型武器的法案，並期待法案能夠
成立，但最後以些微票數之差在國會遭到否決。儘管這一嘗試未
能成功，但因小型武器之害而深感困擾的巴西政府，在小型武器
相關的國際會議上，對於強化規範則極為熱心。[15]

此外，雖然不是殺害他人，但武器使用與自殺的關係也逐
漸受到關注。2007年9月的《英國精神醫學期刊（British Journal
Of Psychiatry）》中介紹，奧地利在1997年通過強化槍枝規範的法
律，此後使用槍枝進行自殺的案例每年減少4%。這一強化槍枝
規範的法律將購買槍枝的最低年齡層提高到21歲，不僅如此，還
要求店家需要請購買者說明購買理由，並要求店家於販售前需進
行精神方面的嚴密檢查及過去經歷的調查，此外並訂有三天的等
待時間等。

美國國內的槍枝規範運動

對於民間人士持有槍枝一事，國際社會存在著贊成與反對兩
種勢力，同樣情形也存在於美國內部，兩者間呈現拉鋸狀態。

但推動規範運動的勢力卻逐漸強大。在美國，結合各種以強
化槍枝規範為目的之團體，陸續成立各種聯合組織，例如「阻止
持槍暴力同盟（Coalition to Stop Gun Violence, CSGV）」及其姊妹
團體「槍枝暴力禁止基金會（Educational Fund to Stop un Violence,
EFSGV）」等，其中也包含和平運動團體、宗教團體，而槍枝暴
力日本人受害者家屬協會也名列其中。

---

[15] *IANSA Communications* (2007.10.30)。有英譯版。

　　行政部門方面，由於紐約市長的呼籲，2006年開始展開反對非法槍枝市長聯合會（Mayors Against Illegal Guns）運動，現在共有40個州以上，180位市長參加。

　　1981年，因雷根總統的狙擊事件，白宮新聞秘書布雷迪（James.Brady）身負重傷瀕臨死亡，最後造成半身不遂。布雷迪與夫人持續致力於立法工作，以實現強化槍枝規範的目的，只是美國國內對此大多態度消極，因此歷經7年依然無法實現。但美國路易斯安那州首府巴頓魯治（Baton Rouge）郡所發生的服部同學射殺事件，以及因為這一契機而高漲的輿論，成為支持法案的最有力力量。1993年，法案終於在國會通過並生效。[16]法案中規定，若想購買武器時，需得有5天的等待時間，並需確認購買者有無犯罪或精神病歷等，若無問題方得出售。在反對槍枝規範勢力強大的美國，這一法案可以實現，可說是劃時代的創舉。

　　此外，在司法方面，除了《布雷迪法案》之外，其他法案也有一定的進展。1999年，在紐約出現以各地槍枝製造商及販售公司為對象的訴訟，判決結果認為企業應負過失責任。槍枝犧牲者的日本人留學生家屬也加入原告群中。之後，在芝加哥及紐奧良等地也陸續出現同樣的訴訟。

反對規範論

　　美國國內與槍枝有關的團體當然反對前述規範。其中，成立於1881年的「美國步槍協會（NRA）」擁有300萬名會員及一年150億日圓的預算。此外，會員中也不乏有力的政治人物或名

---

[16] National Instant Criminal Background Check System (NICS).

人，名演員卻爾登・希斯頓（Charlton Heston）就曾擔任這一協
會的會長等，因此協會本身擁有極大的政治勢力。他們主張，美
國這個國家過去有著流血的歷史，現在則成為人種的大熔爐，在
這情形下，一般人有必要以槍枝來防衛自己，槍枝不會殺人，人
才會殺人。換言之，問題的根源在於濫用槍枝的人。

　　反對強化槍枝規範的勢力，其背後的倚仗為美國憲法修正第
二條，其中保障「擁有武器的權利」，這一規定成了美國步槍協
會等反對強化規範的法律基礎。

　　強化槍枝規範所面臨的不僅只是來自美國的歷史與傳統等的
文化問題，同時也存在著上述政治及法律上的障礙，此外也不乏
曾經加以規範但後來卻又放寬的情形。例如，哥倫比亞特區（首
都華盛頓）與芝加哥曾經禁止市民擁有手槍，但強化規範反對派
以其違反憲法，訴諸法律途徑，結果聯邦最高法院於2007年6月
認同其主張，判決禁止擁有手槍違反憲法。

　　因為巴頓魯治郡（Baton Rouge）服部同學射殺事件為契機所
通過的《布雷迪法案》，實施期限為五年，對此反對者也強化反
對力量，1998年期限截止時，要求將5天的等待時間變更為允許
於1天內交付，並且讓法案在2005年失效。只是購買時的查核制
度（National Instant Criminal Background Check System, NICS，全國
立即犯罪背景查核系統）在1998年以後為FBI所運用，現在仍然
使用中，10年間有1億件以上，其中70萬件查核申請遭到拒絕。[17]

　　過去以來，美國國內的規範反對論者便非常關注小型武器會
議的動向，據稱2006年的檢討會議時，擔任會議的美方代表美國

───────────
[17] FBI網頁有關NICS的說明。

駐聯合國大使波頓（John Bolton）便曾收到數萬封信，要求絕不能妥協。美國國內對於反對武器規範的遊說運動，其力道之強由此可見。

巴頓魯治郡事件

在美國留學的日本學生也成為槍枝的犧牲者。1992年發生在路易斯安那州巴頓魯治郡的事件，大致經過為在當地高中留學的服部剛丈同學，在萬聖節變裝拜訪附近住家時，屋主皮爾斯（Rodney Peairs）從室內衝出，並以馬格南手槍指著服部剛丈，大叫「Freeze」（意即「別動」），但或許服部剛丈不了解其意思，繼續向前走，結果遭射殺身亡。

天真無邪的孩子因遊戲去拜訪，卻遭到槍枝射殺，這在日本是個令人難以想像的難過事件，不僅是其家人，日本全國國民都深感激憤。審判時，皮爾斯主張：他是為了保護自己免於被害而開槍射擊，皮爾斯的說法獲得陪審團成員的認可，結果獲判無罪。陪審團的評議結果為，12名成員都認定無罪。這對家屬或日本國民而言，可說是二度衝擊，充分令人見識到美國社會的特殊性。但在這之後服部同學的家屬對皮爾斯提起的民事訴訟中，當天的經過終於浮現，原來當日皮爾斯酒醉，不聽從太太勸阻衝到屋外等。民事判決與刑事判決的結果正好相反，認為皮爾斯負有責任，判定其需支付賠償金。皮爾斯雖然上訴，但被路易斯安那州最高法院駁回，敗訴確定。

即便對美國人而言，這一事件也成為重新思考家中放置槍枝問題的契機，從服部同學喪禮的前一天開始，全美各地興起〈要求從美國家庭中撤除槍枝的請願運動〉，為支援這一運動，還成

立YOSHI之會。接著，為強化美國的槍枝規範，收集170萬日本人及15萬美國人的簽名，其後運動的代表親自向柯林頓總統呈遞簽名，要求強化槍枝的規範。此外，並以皮爾斯所支付的賠償金（全額尚未付清）為資金，設立《Yoshi's Gift獎》基金，提供獎金給展開槍枝規範運動有優良表現的團體，以獎勵其活動。1996年度，該獎項頒給參與制定《三十天限購一槍枝法案（a gun a month）》的團體。這一法令規定：在一個月內，禁止將一具以上的武器販售給同一人。就日本人的感覺而言，單是這樣可以稱為強化規範，或許有些不可思議，但在美國這已經是前進一步了。1998年度，獎項頒給沉默遊行（Silent March）委員會，因其展開運動，將代表槍枝犧牲者數量的鞋子，擺放在國會議事堂前等。

此外，服部同學的事件也觸發許多人採取行動，旅居美國的華裔女性電影導演崔明慧（Christine Choy）製作一部名為《響徹世界的槍聲（The Shot Heard Around the World）》的紀錄片，有助於將事件的真相傳達到全世界。諸如此類使用影像的運動非常有效果，之後有好幾部電影便以美國社會中武器所引起的問題為題材，例如《紐奧良審判（New Orleans Trial）》等便是．

美國大學校園所發生的慘劇

2007年4月16日，美國維吉尼亞理工大學發生學生等32人被槍殺的事件。行兇者是名為趙承熙的韓國留學生。他在以槍枝見人就亂掃射，之後本人也自殺。據說，他幾乎沒有朋友，獨來獨往，由於對於大學生活懷抱強烈不滿，因此精神方面不甚穩定，也曾被勸說應該接受專家的治療等。結果，他便以槍枝亂掃射的

方式，來爆發對於學校及同學的不滿情緒。因為事態重大，不僅是美國本身，就連全世界都受到強烈的衝擊。

　　大約半年之後，這次在北歐芬蘭首都赫爾辛基郊外又發生類似事件。18歲高中生持槍亂射，8人遭到殺害。這一事件與維吉尼亞理工大學所發生的事件之間頗多共通點，例如民間人士持有武器比率較高，槍枝容易取得等。

　　在美國，過去也曾發生多起校園的槍擊事件。1966年發生在德州大學的槍擊事件，有16人被射殺；1999年，科羅拉多州科倫拜高中（Columbine High School）槍擊事件，有13人被射殺。這些事件至今應該還有不少人記得。但這次在維吉尼亞理工大學所發生的事件，犧牲者數量大幅超過以往任一事件，被稱為美國歷史上最悲慘的槍擊事件。

　　在美國，因為槍枝之故，一般人也會受到極大的傷害。根據2002年的統計，每天平均死亡人數高達80人，即便是小孩該年度也有3012人遭到犧牲。從1979年到2001年間，被槍枝殺害的小孩累計高達9萬人。與各國相較，可知美國的犧牲者數量要多得多。

　　事件後，維吉尼亞理工大學成立調查委員會（Virginia Tech Review Panel），8月底提出報告，總結這次事件的反省與今後對策。報告中指出，武器買賣常不需經過任何的檢查即可進行；透過網路、新聞廣告所進行的買賣，或槍砲展等的現場販售，皆不需經過檢查；在今後的因應對策方面則認為，有必要消除這些盲點等。事實上，在美國要取得武器甚為容易，甚至在超市也可以買得到，同時在市區以外的地方也很容易找到射擊訓練場地。

　　另外，報告書中也指出，維吉尼亞州自1989年來即有著

一套檢查制度，稱為維吉尼亞槍枝交易計畫（Virginia Firearms Transaction Program），販售前應照會這一系統，而這只需要數分鐘即可。此外，報告書中也建議，應該禁止在校園中使用槍枝。現在在美國部分地區已經禁止將槍枝帶進校園，並透過金屬探測器進行檢查。

另一方面，在聯邦政府的查核系統（NICS）上，也清楚暴露出缺乏趙承熙相關資料一事。因此，便針對這一系統加以改善，2007年底通過相關法律。

第六節　供給者（生產）的問題點

武器大量製造

雖然強化槍枝規範並非易事，但國際社也逐漸傾向將武器殺傷許多人，特別是非戰鬥員的民間人士一事，視為嚴重問題，並致力於規範武器及其使用。但這樣的努力持續進行的同時，另一方面，大量的武器並且是殺傷力越來越強的武器卻也持續製造中，同時銷售到全世界各地。因此，如果要有效規範小型武器，僅規範現有的武器仍然不夠，必須注意到新生產的武器。

以下將依斯德哥爾摩國際和平研究所（Stockholm International Peace Research Institute, SIPRI）的年度報告等，就武器生產現況作一概觀。該研究所推估，全世界100家主要武器製造商在2005年的營業額高達約2900億美元。這是個非常大的數字，或許不會有任何實際感受，但舉例而言，電腦所需的半導體產業當年全世界的營業額僅約兩千五百億美元。換言之，僅是這100家在武器方面的營業額，就多出全世界半導體產業營業額將近一成。

　　值得注意的是，中國的企業並不在這100家中。中國並沒有公布其武器生產量，聯合國等從過去就要求中國應提高其透明性，但尚未能實現。

　　此外，在這100家主要製造商外，還有相當多小規模武器製造商。再者，若將進行武器加工的家庭式工廠也包含在內，則將成為龐大的數字。若將100家以外的廠商也加入SIPRI的統計時，則全世界的武器買賣將輕易突破3000億美元。但要正確推估到底超過多少則有困難。另一方面，若合計各國的防衛相關經費時，一般認為約達一兆美元，其中大部分為人事費用及購買武器所需的費用。

　　若以國家別來看武器生產時，美國顯然要多出別國很多，其武器買賣金額約佔全世界63%。其次為英國佔12%，遠低於美國。西歐全體佔29%。若合計歐美各國時則高達93%，因此若不包含中國，則世界的主要武器生產皆在歐美各國進行。

　　俄羅斯的比率被認為接近2%。但因為這個統計是依武器買賣金額計算，當俄羅斯的價格較歐美為低時，其生產量相對自然變低。俄羅斯的狀況有二，一是價格問題；另外則是若單指飛彈或核武等戰略武器時，其統計可能採用與歐美不同的方法來計算，因此有必要斟酌這些因素，再來推論真正的武器生產量。此外，世界有名的AK-47步槍雖是俄羅斯製品，但現在有許多國家都在生產，一般皆認為其中多數為無照的非法生產。

武器的高科技化

　　近年來，武器明顯地高科技化，這一現象給予各方面極大的影響。特別是在傳統分類上並不屬於武器產業的通信、電子工學

等，原本為民生用品，但對武器產業卻已不可或缺，兩者間的相互合作關係，持續有所進展。

　　過去在軍需產業所開發的技術被運用於民生方面，即所謂「轉用於民生（spin-off）」的部分非常之多。電腦、網路、GPS（全球定位系統）等，即是典型的例子。但最近反而是民生用技術卻被運用於武器，成為所謂「轉用於軍事（spin-on）」的狀況。轉用於民生（spin-off）有時也被稱為spin-out，而這時轉用於軍事即被稱為spin-in。各種儀器所不可或缺的液晶螢幕，運用於飛機上的碳纖維等，轉用於軍事的例子不勝枚舉，即便是飛彈等也使用民生用技術。

　　僅就武器產業而言，日本並非世界主要生產國，但如果從可能轉用於武器的機械或技術（被稱為「汎用品」）等方面來看，卻是屬於頂尖層次。同時，即便是市區中較小規模的工廠，有不少也已經開發出傲視世界的技術。對此，各國也相當熟知，來自共產世界到日本訪問的領導人，到秋葉原選購電子產品等，已是有名的話題。此外，各國大使館內也不乏設置專門部門，尋求可能利用於軍事上的日本技術。

　　因為「汎用品」被利用於提高武器性能，因而成為國際規範的對象。冷戰時代有多邊出口管制聯合協調委員會（Coordinating Committee for Multilateral Export Controls, COCOM）這一機構規範出口到共產國家的產品，因此「汎用品」的交易存在著國際性的規範。冷戰結束後，為了防止區域間的衝突，建立新的出口管理制度，被稱為《瓦聖納協定（Wassenaar Arrangement, WA）》，其內容鉅細靡遺地列舉不得出口到衝突區域的品項。

武器產業的政治勢力

　　人人都希望儘可能取得高性能武器，這是再自然不過的事。就賣方而言，性能優良的武器多半是高價品，因此自然想要出售。但因技術或特殊狀況等，有可能連軍事機密都洩漏給對方，因此在考量各種情形後，例如與對方國家的政治關係等，才會決定是否出售。

　　至目前為止，因為美國提供武器，在各種場合成為國際問題，例如提供武器給以色列、台灣等，這分別觸動阿拉伯國家與中國的敏感神經。刺針飛彈（Stinger）為一種小型飛彈，可由一人肩負，威力強大。正因為如此，美國在提供給他國時非常慎重，但為了援助阿富汗的「聖戰士（Mujaheddin）」（日後的塔利班政權即由此勢力產生）與蘇聯軍隊作戰，決定提供該武器。據稱，「聖戰士」使用刺針飛彈屢次擊落蘇聯的攻擊用直升機，使得原本陷入苦戰的「聖戰士」得以扭轉戰局。由此可知，藉由出口武器，有可能對於國際政治造成巨大的影響力。

　　若檢視2006年的武器出口量，美國以80億美元位居第一位，其次為俄羅斯的66億美元。之後則是德國、法國、英國、荷蘭、瑞典、義大利等西歐各國，接著為中國約6億美元。各國的出口量當然與其生產量有關，但並非是比例關係。正如前述，俄羅斯被推估的生產量本身並不算多，但就出口而言卻接近美國，由此也顯示，俄羅斯製的武器在世界各地是如何受到重視。

　　武器產業在國內的影響力也非常大。依SIPRI推估，那些名列前茅的大規模武器生產國，武器產業在國內成為主要產業，在經濟上扮演著重要的角色。就以雇用人數而言，單就SIPRI所

列舉的100家公司來看，全世界約有200萬人從事武器產業；而波音、諾斯羅普-格魯門（Northrop Grumman Corporation）、洛克希德馬丁（Lockheed Martin Corporation）以及前述哈利伯頓（Halliburton Energy Services）等公司，任何一家皆是雇用10萬人以上的超級企業。

儘管這些武器產業都必需接受前述《瓦聖納協定》的出口管理制度，但對於試圖從裁軍的觀點來限制武器的非法交易，武器製造商必然抱持強大的戒心。對其而言，他們當然贊成應該取締武器的非法交易一事，但卻也認為其中包含危險性，因為總有一天非法交易的規範可能會擴大到合法製造的武器上。

戰爭中獲利的企業

不只是布特，對於美國企業而言，伊拉克戰爭是個攫取暴利的商業機會，許多民間人士來到伊拉克。雖然並無正確統計，據美國NGO組織「美國未來運動（Campaign for America's Future）的研究，到伊拉克的這類企業約從60家到180家，人數則高達二萬五千人乃至四萬八千人之多，其中多數為美國人。同時，其中也包含哈利伯頓公司等大型武器製造商，據傳該公司背後有布希政府高官的支持。在美國，將這種在戰爭獲利的企業或個人稱為「戰爭獲利者（War Profiteer）」。正如其字面的意思，是在戰爭中獲得利益的人。

戰爭獲利者被認為奪走原本應該帶給伊拉克人的利益，但因為這已經超出本書範圍，因此擱置不論，但戰爭獲利者將大量武器帶到伊拉克，而其使用的結果是出現大量的犧牲者。對此，NGO已發出警訊。2006年9月底，美國明尼蘇達州聖路易市

的聖湯瑪斯大學（The University of St. Thomas）召開首次「死亡商人阻止大會」，共有37個團體代表參加。籌辦大會的是長年活動在這一領域的NGO組織－「戰爭反對者聯盟（War Resisters League）」。

大會從會議的前一晚便開始，當晚觀賞紀錄片《被出賣的伊拉克（Iraq for Sale：The War Profiteers）》。在隔日的會議中，介紹該運動本身取得效果的成功實例，並與進行研討會的團體討論等，並呼籲人們不應被軍方所徵用，進而應該阻止人們在類似哈利伯頓、貝泰（Bechtel Corporation）等死亡商人的企業中工作等。另一方面，大會中有78人遭到逮捕，因為他們企圖將傳票交給艾里安特科技系統公司（Alliant Techsystems Inc.）的首席執行長丹尼爾‧莫菲（Daniel Murphy）。艾里安特科技系統公司為集束彈或劣化鈾彈（Depleted Uranium Ammunition）等的主要製造商。

召開這種大會在美國也是首次。儘管規模相當大，但如果說其影響已經及於美國全體輿論則還太早。同時，這個大會也還並非是全部NGO參與，還有許多其他NGO組織關注死亡商人問題並發出警訊。最近，承接維持伊拉克治安的民間企業所造成的伊拉克市民殺傷事件成為問題，導致死亡商人問題又再度受到關注。

第七節　聯合國的做法

將小型武器排除在聯合國的討論外？

在2006年的檢討會議中，對於提供武器給非政府主體及民間人士持有武器等都力持己見的美國，堅持不同意再度召開有關小型武器的檢討會議。關於其理由，美國代表先是表示，美國本身

也同樣認識到因為武器的非法交易使得民間人士受到極大傷害一事，但接著宣稱：「因為如此，檢討會議應該集中於非法交易問題，無法贊同再度召開檢討會議。只有集中課題，實際且強化推動行動綱領的提案，我們才願意考慮。」。換言之，美國主張，與其召開會議，更重要的是執行已經決議的事項。

　　檢討會議即將結束時，很明顯地，在實質問題方面仍然無法獲得共識，即便以宣言形式提出總結的文件都不得不放棄。但因為今後如何召開小型武器會議一事乃是程序問題，若不事先決定，日後的進程將無法展開，因而只好開始進行討論。但美國則主張，只需要各國報告國內行動綱領的實施狀況，以及在區域上加以協助即可，除此之外美國皆不同意。若是會議以這樣的狀態結束，恐怕今後聯合國將無法討論小型武器問題，因而日本以及許多國家對此表示反對，為了讓聯合國能繼續檢討這一問題，努力地想加進一段最低限度的文字，但直到最後，連這一程序問題也無法獲得共識。就這樣，檢討會議的結果慘澹，但有關召開聯合國會議等程序上的問題，因為在聯合國大會上另行決定，因此並沒有出現任何障礙。

今後的問題

　　如果布希政府繼續存在，或許美國會持續反對召開檢討會議。但歐巴馬政府對於裁減核武表現出積極態度，受到全世界的關注，對於小型武器問題態度也相當不同。

　　對於美國反對聯合國召開檢討會議的理由，亦即行動綱領的實施更為重要一事，日本不但贊同，而且平常對於這點的強調可說較美國猶有過之，特別是在小型武器問題上，過去以來聯合國

即致力於分析問題，並制定規則來規範非法交易。此外，今後聯合國的貢獻也值得期待，因此希望不要中止聯合國的推動工作，而是改進有必要的部分，然後活用聯合國的力量。主要的問題大致有下列幾項：

第一，若企圖就民間人士持有武器一事達成任何協議，則無可避免將會遭到美國的反對，在歐巴馬政府時代此事雖然會有程度上的差異，但可以推測基本上不會有所改變。儘管中南美及非洲各國都主張應該加以規範，但企圖在檢討會議上解決意見的差異卻非上策。關於這一問題，最好學習巴西的作法，以國內法來處理即可，而聯合國則可以按照各國的實情，敦促各國強化規範。

第二，對於武器交易以外的領域，特別是有關需求面問題的檢討，則還尚待各國努力。在下次的檢討會議上，正如《渥太華條約》所規定的國家別檢討一般，應對各國的小型武器狀況進行檢討。其中，除了交易問題外，需求面的問題也應該加以關注，這才是較實際的作法。若是在這樣的架構下，則透過個別檢討各國狀況，民間人士持有武器問題也能加以討論。就這方面而言，日本透過援助，不論是知識或經驗等皆很豐富，因此相當適合由日本來主張這一議題。

第三，下次的檢討會議主席會輪到由日本派人擔任，為此有必要儘早開始準備。對於特定問題有所貢獻的國家，例如《生物武器公約》的英國，CCW的法國等，都在相關會議上持續擔任主席進行貢獻，這是在國際社會上凸顯本國努力的良機。在小型武器問題上，因為日本曾做出特別貢獻，因此適任主席一職。

追補　國際聯盟時代的裁軍

第一節　古典裁軍：保有船艦的限制

造艦競爭

　　第一次世界大戰後的新秩序形成過程中，歷來存在於國際社會的各種矛盾及問題，獲得相當程度的解決。在裁軍方面，國聯為了維持和平，提出理想主義式的構想，並加以推動，而同一時間主要海軍國家間限制船艦保有數量的協商也在進行。

　　當時，各國正展開造艦的競爭。據稱其背景為日本艦隊在日本海海戰中，將俄國艦隊打得一敗塗地等之故。造艦技術領先他國的英國，在日俄戰爭結束後隔年，建造無畏號（HMS Dreadnought）戰艦，排水量1.8萬噸，配備10門30.5公分砲，在攻擊力與機動力上遠遠凌駕當時所有船艦。此後，各國的造艦競爭進入白熱化狀態。無畏號成為高性能戰艦的代名詞，日本則將達到同等性能的戰艦稱為「弩級戰艦」。順道一提，有名的日本聯合艦隊旗艦三笠號，因為僅1.5萬噸，配備4門30.5公分砲，因此並非「弩級戰艦」。但之後很快地，英國接連建造超越「弩級戰艦」的高性能軍艦，1912年完成獵戶座號（Orion class battleship）戰艦，排水量2.2萬噸，34.3公分砲10門；1915年又完成伊莉莎白女王號（HMS Queen Elizabeth）戰艦，排水量2.9萬噸，38.1公分砲8門。德國、美國、法國、日本、俄國、義大利等則緊追在英國之後。

日本的造船能力在第一次世界大戰前尚不成熟，因此軍艦皆委由英國製造，如前述三笠號也是，1913年完成的金剛號（2.6萬噸，35.6公分砲8門）戰艦則是最後一艘外國製軍艦，此後皆是日本自行製造，很快地日本的造艦能力便達到世界最高水準。

就各國而言，在安全保障上造艦競爭為無可奈何的事，但對於各國的財政卻是沉重負擔；因此在減輕負擔這一意義上，華盛頓及倫敦的海軍裁軍會議受到各國的大力歡迎。

限制主力艦的保有與華盛頓會議體制

傳統上美國並不樂見歐洲各國干涉新大陸事務，因此一直以來維持著所謂門羅主義（Monroe Doctrine）所象徵的封閉型對外政策，但對於19世紀以來歐洲列強所展開的帝國主義式奪取殖民地的競爭，卻不能再沒有關心，特別是有關中國問題方面，揭櫫門戶開放、機會均等的原則，開始牽制各國進一步擴張在中國的權益。但日本自從與俄國的戰爭中獲得勝利之後，對於中國表現出更加積極擴展的態度，這使得美國增強戒心。儘管如此，正值戰爭時期的1917年，日美兩國達成協定，美國承認日本在滿洲擁有特別權益（石井—藍辛協定），但這在美國國內卻受到強烈的批評。

第一次世界大戰時期，美國威爾遜總統擁有強烈的理想主義式想法，在大戰將結束前，發表14項和平原則，倡議設立國際聯盟，並要求簽署《凡爾賽條約》，但由於美國國會對於與中國相關情勢等的批評聲浪極高，因此對於威爾遜總統的對外政策逐漸不滿，因而拒絕批准《凡爾賽條約》，因此並沒有加入國際聯盟。

繼任的哈定（Warren Gamaliel Harding）總統推出新政策，重新評估與英國、日本等的關係。1921年，哈定總統邀請各國代表到華盛頓，針對有關中國的問題，締結《九國公約》，強調門戶開放、機會均等、尊重主權等。同時，此次華盛頓會議也成功簽署《四國協約》，保障各國在太平洋地區的領土完整。因為石井—藍辛協定與這一新條約有所牴觸，因而遭到哈定總統廢止。此外，因對中國的共同利益而締結的日英同盟也宣布終止。因為第一次世界大戰之故，日本獲得世界一流國家的地位，但在華盛頓會議體制下，圍繞日本的國際關係卻發生變化。就日本外交而言，在中國問題上要期待英國的理解與支持已經變得困難，更何況不僅是歐洲，即使在東亞，取代英國而起的美國，影響力日益增強，並逐漸以嚴肅眼光來看待日本。

之後，華盛頓會議中的第三份條約達成限制主要海軍國家保有船艦的數量，主力艦保有比率限定為美英各5，日3，法義各1.75。對此，不僅是日本，連法、義等國也感到不滿，但為回應國際輿論對於一次大戰後對和平維護的期待，各國只好簽署。同時，儘管還不能說各國已經從造艦競爭的沉重負擔中獲得解放，但至少暫時得以獲得減輕，因此可說是劃時代的裁軍協定。

日本的貢獻

就日本而言，同意限制主力艦的保有數量，當然並非易事。日俄戰爭後，因為美國在中國問題等企圖牽制日本，因此日本海軍開始認識到對抗美國的必要性，因而擬定稱為八八艦隊的增強計畫。這一計畫為保有新造或與此相近的新戰艦及巡洋艦各8艘。但要達成這一計畫，需花費巨額費用，面臨財政困難的日本

政府，要依計畫加以實現有其困難。

　　另一方面，陸軍則以俄國在中俄邊界增強軍備為由，擬定增強計畫，並據此向政府提出新增兩師團的要求。這是令歷任內閣都深感頭痛的問題。日韓合併後承繼桂太郎內閣的第二次西園寺公望內閣時，儘管問題已不能再拖延下去，但迫於緊縮財政使得日本政府始終拒絕，結果與陸軍產生對立，內閣被迫總辭（1912年）。

　　正如上述，日本國內雖然有著增強軍備的強烈主張，但在華盛頓會議中，日本的態度為維持國際協調，因此不但參加也對於新秩序的形成做出貢獻。財政困難為各國的共通問題，且正如這時期被稱為大正民主一般，民主規則在日本政治發揮作用。

　　在華盛頓會議上，日本之所以能採取國際協調態度，應歸功於加藤友三郎做為首席全權代表。他是日本海海戰時聯合艦隊的參謀長，正因為擁有這一權威性，因此得以壓制海軍內部的強硬派。在日本主張對美維持七成軍艦數量，使得會議陷入膠著狀態時，加藤向日本政府提出建議，而努力說服終至成功。加藤的意見為，若日本依然堅持對美維持七成軍艦數量，會議恐有歸於失敗之虞，而這是絕對應該避免的。此外，在第二次大會時，他也說明：「日本認為，美國的提案明顯讓各國國民免除冗費，且必定有助於世界和平，因此深感滿意。（中略）因此，原則上日本欣然接受這一提案，斷然準備大大地著手削減海軍軍備」，因此受到各國代表讚賞式的拍手喝采。此外，當時駐美大使也是國際協調派重要人物幣原喜重郎，他與全權代表加藤友三郎間有著深厚的信賴關係，加藤認為應該促成會議的成功，而在幣原的協助下，日本才得以做出積極的貢獻。

實施裁軍的日本

促成華盛頓會議成功的加藤友三郎，在回國之後不久即成為日本首相，除了自西伯利亞撤兵外，也遵照《華盛頓條約》，進行裁減海軍軍備。除了廢棄「安芸」與「薩摩」等戰艦外，也將建造中的「赤城」與「加賀」改造為航空母艦。在人員方面，裁減將校及士兵約7500人，職工方面，裁減14000人。

當海軍如此大膽進行裁軍時，陸軍自然也不能坐視。這雖然也反映出國會的強大意見，但當時的陸軍大臣山梨半造兩次推動裁軍，主導裁減兵員53000人，馬匹13000匹，這也被稱為「山梨裁軍」。只是因裁軍而節省的經費則被運用於軍備的近代化。

當加藤首相在1923年8月病死時，一星期後，關東地方發生大地震，日本政府忙於處理地震事務。軍費依然是極為沉重的負擔，1921年的一般預算中，軍費占比高達49%。另一方面，對於中國事務的介入有進一步強化的傾向，例如援助段祺瑞、介入滿蒙等，因此要裁減軍費相當不容易。但現在因為關東大地震的影響，要求再度裁減軍費的聲浪增強，隔（1924）年開始任陸軍大臣的宇垣一成（在被稱為「地震內閣」的第二次山本權兵衛內閣時為陸軍次官），1925年再次進行裁減陸軍，將21個師團中廢除4個，並進一步關閉部分連隊司令部、陸軍醫院、學校等，同時裁減將校、士兵34000人以及6000匹馬。宇垣裁軍所節省的經費也被利用於軍備的近代化，例如戰車、飛機以及充實通信設備等。

因為歷經三次裁軍，陸軍被大幅裁減。表面上看來，宇垣在政治情勢困難的狀況下實施裁軍，同時也進行軍事的近代化等，

相當聰明地進行折衝尊俎，但另一方面，因為裁減師團，將官職位減少，也引起軍方內部的強烈批判，據稱裁軍一事影響到日後宇垣的政治生命。

此事暫且不論，陸海兩軍裁減軍費逐漸出現效果，在1926年一般會計中，軍費所佔比率已降到27%。

只是，進行改革時將無法避免出現許多副作用。軍人地位下降的結果，一般人對於軍人的看法也有所改變，開始出現「不想將女兒嫁給軍人」之類的話。

倫敦海軍裁軍會議

華盛頓會議上達成設定保有主力艦數量的限制，結果各國出現一種傾向，即以不受此限的輔助艦來彌補戰力的低下。1927年2月，美國總統柯立芝（John Calvin Coolidge）認為應該中止輔助艦的國際競爭，因而呼籲英、法、義及日等國，在日內瓦召開裁軍會議。

這一提案在各國間引起些許騷動。當時，國聯正在日內瓦召開「普遍裁軍」的準備委員會，以達成聯盟憲章所設想的裁軍。換言之，美國的提案意味著，儘管對象國家不同，但類似的裁軍會議在同樣場所進行。美國雖然參加準備委員會，但並未加入國聯，因此並未特別在意此事。但另一方面，如果召開這類會議時，等於對國聯的努力潑冷水，因此重視國聯的歐洲各國對此深感困擾，但最後還是召開主要海軍國裁軍會議，而日本也參加會議。然而在會議中，重視重型巡洋艦的美國與重視輕巡洋艦的英國看法迴異，以致無法獲得共識，最後也就此散會。

鑒於日內瓦的失敗經驗，1930年1月再度在倫敦召開會議

時，各國所派出的代表則非軍人，而是政治人物或政府高官。其中，主辦國英國為首相麥克唐納（James Ramsay MacDonald）親自出席，美國為國務卿史汀生（Henry Lewis Stimson），法國為總理塔爾迪厄（André Tardieu），義大利為外交部長古朗奇（Dino Grunge），日本則以若槻禮次郎首相為首席代表（次席代表為財部海軍大臣）。對於華盛頓會議時主力艦不得不接受對美6成數量一事，日本海軍中抱持強烈不滿的團體，即所謂艦隊派（東鄉平八郎即屬於這一團體）對政府施以強大壓力，因而參加倫敦會議時，日本的「處理方針」便是達成對美保有7成數量。但對於來自日本的提議，以英美為首的各國皆不同意，幾次交涉皆陷入膠著狀態。不斷交涉的結果，在重型巡洋艦方面，日本要貫徹對美7成數量有所困難，但在其他項目上則都達到目的。

此外，在輔助艦方面，最後獲得對美0.6975的比例。此時，代表團向日本政府請示，要求接受這一結果，因為代表團認為「處理方針」在實質上都已經達成，因此在重型巡洋艦問題上應予妥協，否則日本將因會議決裂而受到譴責。這是同年3月中旬的事。即使如此，海軍仍然強硬反對，又歷經兩個星期半的交涉，在重視國際協調的外務大臣幣原喜重郎的協助下，當時的首相濱田雄幸以果敢的決策力突破這一難關，內閣會議4月1日表示同意，並回覆倫敦方面。結果，日本的輕型巡洋艦及驅逐艦為對美7成數量；潛水艇則是各國皆為五萬二千七百噸，僅有重型巡洋艦為對美6.02成數量，《倫敦海軍裁軍條約》成立。4月22日，五國代表在聖詹姆斯宮（St. James's Palace）簽署條約。

從批准條約到九一八事變

輔助艦較美國僅少0.25，因此實際上也可以將其與美國視為同一水準。對此結果，海軍內部雖然有部分的正面評價，但軍令部仍然拘泥於對美7成的目標，因此儘管只有小部分，但對於妥協一事，日本方面仍然有所不滿。這些人批判政府，認為軍備屬於天皇的統帥權，政府無視於此而做出決定，侵犯到天皇的統帥權。在國會中，在野黨政友會也攻擊政府。此外，在當時的樞密院中，西園寺公望雖然支持政府，但整體而言則批判傾向較強。只是濱田首相意志堅定，說服甚至斥退這些反對、消極的意見，最後成功說服樞密院，條約終於在10月2日獲得批准。

當時日本在長年的財政問題外，經濟也處於困難狀態，為了擺脫不景氣，濱口內閣採取黃金解禁措施，但效果不彰，出口更加停滯，日本國內陷入嚴重的通貨緊縮。同時，很快又受到剛發生的經濟大恐慌的影響，日本經濟更加衰退，對於政府的經濟政策，不僅是學者，連軍部也開始加以批判。在國會擁有多數的濱口首相則以與身俱來的剛毅態度壓制反對論，結果在同年11月於東京車站受到右翼青年狙擊，身負重傷，隔年8月死亡。

正當海軍對輔助艦的保有限制進行交涉時，日本陸軍則於1927年相繼進行第一次與第二次山東出兵，以及策劃炸死張作霖事件，對於中國事務的介入逐漸加深。就在濱口首相死後不及一個月，9月18日終於引發九一八事變，隔年3月，在軍方的介入下，成立滿洲國。但日本陸軍的行動卻不僅於此，接著擴大到華北地區。日本政府雖然試圖加以阻止，但由於日本國內北一輝、大川周明等代表的國粹主義思想盛行，軍方內部強硬派抬頭，特

別是因為對政府的不滿，年輕軍人中開始出現以實力貫徹要求的行動。犬養毅在九一八事變發生3個月後就任首相，對於是否承認滿洲國一事態度慎重，因此與軍部對立嚴重，最後在5月15日遭到起事青年將校刺殺。

另一方面，在歐洲，德國及義大利的法西斯政權逐漸增強軍備，世界已不再是裁軍的時代。即使如此，各國仍於1935年12月召開第二次倫敦裁軍會議。日本雖然參加，但隔月即退出。這是北京郊外發生日中戰爭半年前的事，很遺憾地，國際情勢已經不再是能從事裁軍的狀況。

第二節　國聯與多國間裁軍

國聯的裁軍構想

上述都是有關擁有強大軍事力國家間進行裁軍交涉的情形，但國聯的裁軍卻不限軍事大國，多數國家都能參加。其嚆矢為1868年在聖彼得堡所達成的宣言，其中禁止以非人道方式傷害人體的爆裂物。

接著在1899年及1907年，兩次在海牙召開國際和平會議，獲得劃時代的成果。會議中提出新原則，認為要解決國際紛爭並非透過戰爭，而是應該使用和平手段，為此需設立國際性仲裁機構等。另一方面，由於原本會議本來目的是裁軍，因此這方面卻僅止於提出並無法律約束力的宣言，以禁止使用毒氣及殺傷力強大的達姆彈。

從國聯開始，國際社會真正進行裁軍活動，會員國負有不訴諸戰爭的義務並承諾促進國際合作，致力於完成各國間的和平安

寧（《國際聯盟憲章》前文），且同意下列事項。

(1) 各國在確保本國安全及應完成的國際義務下，裁減軍備到所需最低限度。

(2) 在考量各國地理環境及諸般情形下，聯盟理事會擬定裁軍案，供各國決定時參考。

(3) 裁軍案最少需每十年進行檢討修正。

(4) 若各國政府採用聯盟理事案時，無理事會同意，不得超過其限度。

(5) 各國同意，若民間人士持有武器彈藥及製造軍用器材時，將有帶來重大問題的危險性，為了遏止其弊害，理事會應提供建議。

(6) 有關軍備、軍事計畫及防衛產業等的資訊，各國應完全且真誠的交換。

(7) 有關上述規定的實施，將設置常設軍事諮詢委員會，以提供理事會建議。

（1到6為聯盟憲章第8條的規定，7則為第9條）

　　理事會擬定裁軍案，供各國決定時參考等，可說是相當理想主義式的裁軍構想。即便是否接受裁軍案，最後在於各國政府的判斷，但當裁軍案提出時，對該國政府即形成強大壓力，如果拒絕，便需將其理由向國聯（亦即世界各國）說明，如此將處於不利的立場。從這一構想也可以窺知各國的決心，即戰爭使得各國付出極大代價，因而此次一定要實現和平的國際社會，為此需下定決心實施裁軍。但事實上理事會是否真能進行到實際擬定各國裁軍案，卻在未定之天。

未被採用的兩個構想

在討論《國際聯盟憲章》時，另有兩份內容更加深入的草案。其一為法國的提案，內容為聯盟事務局設置專門委員，以查察各國的軍事設施，同時設置國際參謀本部，對於違反聯盟憲章的國家擬定應採取的措施。其二是在憲章中要求會員國應廢除徵兵制。

兩份草案都未能實現。前者的法國提案若能實現，某些程度將會帶來改寫國際法的革命性變化，但在有關本國的安全保障上，各國並沒有準備如此大幅讓步。此外，在部分大國未能加入國聯的狀況下（只是在討論《國際聯盟憲章》時，並未設想這樣的情形），終究還是有些困難。

至於廢除徵兵制的草案，因為義大利及法國反對而未被採用。其理由為，一旦廢除徵兵制，要再恢復將非常困難，更何況法國這類大國，周遭強國環視，無論如何都必需保有常備軍隊。

最後未能成立的相互援助條約案

儘管國聯將重點置於裁軍，但若加上和平解決紛爭及確保各國的安全保障等，則成為維持和平的三大支柱。[1]

第一次世界大戰結束後，法國、英國等協約國方面，一直都無法消除德國可能再度威脅歐洲的和平與安定的不安感。英國首相邱吉爾等也曾說，將來的情勢非常不確定。甚至也有論者評論《凡爾賽條約》，指其並非是具有實質意義的和平條約，只不過

---

[1] 這是當時外交當局的認識。外務省《日本外交文書・国際連盟一般軍縮会議報告書》第1卷第1頁。

是個停戰協定而已。

　　特別是法國，對於德國有著根深蒂固的不信任感，即使將接近兩國國境的德國萊茵（Rheinland）地區非武裝化，亞爾薩斯-洛林（Alsace-Lorraine）地區成為法屬，魯爾（Ruhr）地區由法國占領及德國支付龐大的賠償金等，這些都已經實現或決定，但僅是如此，法國仍然認為不夠。因此，為了防備將來發生不測事態，法國企圖就安全保障問題與英美兩國締結相互援助的協定，因而在巴黎和會中開始進行協商，結果這一想法還未能實現，而《凡爾賽條約》已經完成簽署。如果這一想法得以實現時，將如同日後的北約一樣，可以建立起橫跨大西洋兩岸的安全保障體制。

　　協商之所以未能達成共識，主要在於英美兩國的態度消極，只是英國並不反對強化安全保障體制。在放棄法國的提案後，英國另提英法兩國間締結同樣協定的替代案。但因為提案本身並未包含軍事協助，因此遭到法國拒絕。

　　1923年時再度討論締結條約一事，此次則由國聯發起。國聯提案，會員國間締結相互援助條約，內容為：若會員國遭到他國侵略時，所有會員國都負有以軍事力量加以援助的義務。相較於聯合國的集體安全保障，這一條約更為澈底，但對此提案，英國並不準備接受，因此終究未能實現。如此一來，國聯的三大支柱之一便告失敗。

和平議定書

　　以和平手段來解決國際衝突一事，經常是人類歷史上存在的課題，而最常被引用的例子大概就是對於歐洲30年戰爭的反省，但開始將其視為現實問題並進行檢討，則是前述19世紀末的海牙

和平會議。

　　國聯方面，為取代最後並未成立的相互援助條約，嘗試進行締結條約，以和解方式解決衝突。具體而言，便是另外提出議定書案，主要內容為：禁止侵略戰爭；發生衝突時，締約國需以國際仲裁方式尋求解決等。這一提案勉強成立，即所謂和平議定書。之所以會成為「議定書」，主要是考慮將議定書以追加形式增添到《國際聯盟憲章》上之故。和平議定書雖然尚未達到相互援助條約的功能，但某種程度上卻可以抑制侵略。此外，國際聯盟也期待各國能變得更容易實施裁軍。

　　然而，議定書的生效日期卻有期限，必需在1925年前生效，而英國顯然無法批准，最後即在不生效狀態下宣告結束。眼見國際聯盟三大支柱中的另一支柱就要成功，但卻又功虧一簣，開始亮起接近紅色的黃色信號。

德國及俄國的攜手

　　儘管在戰爭結束後付出龐大賠償金，但德國依然受到冷淡對待，完全不被接受，因此對於凡爾賽體制，德國有著強烈不滿。

　　另外，在俄國方面，1917年布爾什維克（Bolshevik）革命中，共產黨奪得政權。1922年，蘇維埃聯邦成立，但各國卻將其視為異端，因此新政權一直無法獲得承認。此外，在與第一次世界大戰的關係上，蘇聯因為戰爭末期脫離戰線，當然無法參加巴黎的媾和會議，也未加入國聯。因為這些情形，雖然同在歐洲中，德國與蘇聯卻受到有如陌生人般的待遇。

　　接著，有如同類相憐般，德蘇兩國開始接近。1922年，兩國在拉帕洛（Rapallo）締結經濟合作協定，德國飛機製造商恩可

197

（Junkers）在莫斯科郊外建立工廠，武器生產團體也在蘇聯開始生產。換言之，在歐洲各國不承認蘇聯時，德國率先承認，也建立起實際的合作關係。

如此一來，西方各國開始驚慌，重新檢討過去以來的方針，並策畫離間德國與蘇聯，為此開始出現與德國的和解行動。這些行動的結果即是1925年的《洛迦諾公約（The Locarno Treaties）》。透過條約，德國尊重戰後所劃定的西部國境，承諾對於法國及比利時不訴諸戰爭等，再度確認尊重凡爾賽體制。如此一來，西方各國才以真正的友邦身分，將其視為夥伴。隔年，接受德國加入國聯。

在這變化的同時，西方各國與蘇聯的關係也有所改善，繼英國於1924年承認蘇聯後，其他西方各國也相繼跟進。

普遍裁軍會議的準備

就這樣，歐洲的和解進展成為促進國聯裁軍的助力。三大支柱的第一根支柱遭到失敗，而另外的第二根支柱則亮起黃燈。第三大支柱則是裁軍。正如本節前面所述，1925年國聯大會的決議中，決定設置裁軍準備委員會，以實現聯盟憲章所設定的理想主義式裁軍構想。決議中提及：「為了實現軍備的普遍性裁減及限制，召集裁軍會議」，「普遍裁軍會議」的名稱便由此而來。「普遍」為general的翻譯，意味泛指各國軍備整體，而非像毒氣或武器交易等個別問題。此外，似乎也因為其對象為所有國家，因而使用這一稱呼。

全部共有30餘國參加裁軍準備委員會，其中不僅是聯盟的理事國及非理事國，也包含美國、蘇聯及加入聯盟前的德國等。會

議從1926年開始進行，最後則於1930年結束會議，共召開6次會議。但對於裁軍的主要議題，各國並無共識。此時，同樣在日內瓦，主要海軍國家間所進行的輔助艦交涉，也因為英美間意見相左而宣告失敗。此外，準備委員會中對於遭受第三國侵略時相互援助的方法，英法兩國的想法也各自不同。其他如在技術面上，對於預備役、陸軍及海軍裝備等的做法，各國看法也不一致。因此，當主要海軍國家在倫敦海軍裁軍會議上，對於輔助艦的限制作出決定後，準備委員會方才獲得結論。

因為這一情形，裁軍準備委員會花五年時間，最後在準備委員會的最終報告中添附裁軍條約案，日後將在正式會議上進行討論。裁軍條約案的內容為：限制、禁止煽動戰爭（這被稱為「精神裁軍問題」）；限制陸海空軍的軍力；限制國防經費；裁減兵員；限制生物、化學武器等。舉例而言，在海軍方面，仿照主要海軍國家在倫敦所達成的決議，考慮依國別設定上限。這是將聯盟憲章所規定的理想主義式的裁軍構想以條約形式呈現，儘管這只是準備委員會階段的提案，換言之，在正式會議中才會檢討的條約案，但這意味著聯盟的構想已往前跨出一步。這種具概括性且充滿企圖心的條約草案內容，應該可以說空前絕後！

儘管有種種困難，但為何會以締結裁軍條約為目標，召開普遍裁軍會議，原因之一為第一次世界大戰後各國皆陷入財政困難中，因而充滿無論如何都必須削減不斷膨脹的軍事費用的氛圍。日本方面，又發生關東大地震，政府財政逐漸無法負荷，正如前述，若槻內閣因所謂昭和恐慌被迫下台。此外，另一個成為積極推動普遍裁軍的要因是：從準備階段開始，非聯盟加入國的美國及蘇聯也參加之故。

《非戰公約（Kellogg-Briand Pact）》

　　此處，暫時再回到和平解決衝突問題。當裁軍開始有所進展時，這一問題也出現新的進展。1928年，當主要海軍國家在日內瓦正商議裁減輔助艦的同時，法國外交部長白里安（Aristide Briand）向美國國務卿凱洛格（Frank Billings Kellogg）提議，兩國間應締結和平友好條約。對此，凱洛格反而提案應簽署橫跨全世界的多國間條約。同年8月，15國取得締結條約的共識，並在巴黎進行簽署。這便是有名的《非戰公約》，日本也是原始締約國之一。在條約成立後，參加國急速增加，5年後增加到62國，世界主要國家已全部加入。

　　條約的內容為：為了解決國際衝突，應將放棄進行戰爭列為國策（第1條）；以和平方法解決所有衝突（第2條）。因為如此，這條約也被稱為《非戰公約》。

　　這一條約全部僅有3條，但這第三條為批准的相關規定，因此實際上僅有上述的2條。條約中並無任何有關發生違反條約時的規定，雖然標榜以和平手段來解決衝突，但也不過是原則性宣言而已，可說極不完備，因而也被戲稱為只不過是個「祈禱」而已。但在《非戰公約》成立前，國際社會承認戰爭為合法手段。此外，儘管《國際聯盟憲章》前文中也標榜會員國負有不訴諸戰爭的義務，但還不至於將戰爭視為違法（憲章第11條及第12條中設想可能發生戰爭）。因此，原則上條約將戰爭視為違法已是個革命性變化，應給予正面的評價。

　　此外，《非戰公約》也將當時未加入國聯的美國及蘇聯納入其中，因而也被視為有著彌補國聯侷限性的意義。

日內瓦《和平解決國際爭端總議定書（General Act for the Pacific Settlement of International Disputes）》

藉由《非戰公約》，雖然可以彌補1924年和平解決衝突議定書的失敗，但僅有這條約仍然不夠完善。因此，《非戰公約》僅成立一個月後，國聯通過有關和平處理的議定書。《非戰公約》中，有關放棄戰爭及以和平手段解決等，僅做出原則性宣言，其他方面並未做出任何決議，但議定書則對於無法透過和平手段解決衝突該如何處理等，做出相關規定。因此，相較於《非戰公約》乃是從「禁止」甚至於「消極」等面向取得共識，議定書則是從「行動」乃至於「積極」等面向獲得共識，兩者也被拿來如此比較。

若不能以外交方式，意即由當事人協商來解決衝突時，議定書中設定四種具體方法：即調停、司法解決、仲裁、一般性問題等，其中各自都有詳細規定。有關第一點調停方面，各締約國負有義務，對於以外交無法解決的問題，原則上應透過調停來解決。此外，議定書也規定設置調停委員會及其組織架構與審查手續等。

在司法解決方面，原則上涉及締約國權利的所有衝突應委由國際法院處理。此外，議定書也明確規定司法手續與仲裁或調停間的關係等。

至於仲裁方面，無法委由司法解決的紛爭，在調停結束後1個月內還不能解決時，得以交付仲裁解決。此外，議定書也規定設置仲裁法院及其組織以及仲裁契約等。

一般規定中則訂定下列原則，即議定書的締約國還負有其

他條約的義務時，其他條約的規定優先等。當時，調停、司法解決、仲裁等乃是一種流行，議定書成立以前，在兩國或區域間都簽訂不少類似的協議，因而有必要加以釐清。

此外，議定書所規定的調停、司法解決及仲裁等，因為具有一致性的規則，要想獲得多國間的同意，故有其困難。因此，議定書另有「保留」的規定，即締約國從現實觀點，考量本國情形，可以不適用議定書的部分內容。因為如此，許多國家得以加入議定書。但另一方面，也因為如此，卻也造成約束力減弱的問題。但無論如何，將現存兩國、區域間的條約關係，以及保留的結果所產生的締約國間複雜的權利義務關係加以整理的場所，正是國聯。此外，國聯對於以議定書無法完全處理的問題，例如戰鬥已經開始等的情形，也提議加強聯盟理事會的權限。

1929年8月，本議定書生效。

普遍裁軍會議的召開

1932年2月，終於召開普遍裁軍會議。日內瓦的聯盟事務局已經進駐到萊芒湖（lac Léman）湖畔的飯店中，在其北邊則是新設立的壯麗裁軍中心，會議便是在此舉行。

會議開始前，對於裁軍相當積極的丹麥、挪威、荷蘭、瑞典、瑞士等國，共同發表限制擴張軍備案。這是因為預期裁軍條約要獲得共識，需要相當的時間，因此，先行禁止擴張軍備。這一提案受到各國的歡迎，因為各國正為財政困難而苦惱。普遍裁軍會議的氛圍也因此熱絡起來。

但這樣的積極氛圍也只出現在最初幾個月而已，現實的政治、軍事情勢已不允許會議有所進展。因為在東亞及歐洲皆有問

題發生。在中國，「北伐」也就是蔣介石所主導的全國統一正在進行。對此，日本在1927年出兵山東，隔年，炸死軍閥領袖張作霖。這些事情都發生在裁軍準備委員會正在進行檢討時。

此外，在普遍裁軍會議召開的5個月前，日本發動九一八事變。國聯計畫派遣調察團，隔年1月，組成所謂李頓調查團，調查持續到6月。要言之，普遍裁軍會議的最初幾個月都在進行九一八事變調查。調查團報告書從8月開始撰述，10月初完成，接著公布。其內容為，不承認柳條溝事件是日軍的自衛行動，此外也不應該承認滿洲國的獨立等，這些已是眾所周知的事。

英法德義條約

另一方面，在歐洲，對於凡爾賽體制懷抱強烈不滿的德國及義大利等國，法西斯政權逐漸抬頭，為歐洲政局蒙上一層陰影。但相較於如此的情勢變化，各國反應卻相當遲緩。普遍裁軍會議召開時，墨索里尼已在義大利取得政權。另一方面，在德國，正是納粹將獲得政權之前，約1年後的1933年1月，希特勒成為首相。即便此時，各國危機感也不算太高，墨索里尼提案締結親善協定，內容為：若是英、法、德、義間發生問題時，彼此協商，相互合作，同時召集各國代表來到羅馬。這距離簽訂《洛迦諾公約（The Locarno Treaties）》實現與德國的真正和解以來只經過8年而已，德國與義大利尚未相當接近。會議召開中，美國表明方針，將較過去更加協助歐洲的政治發展，對於4國間的合作表達支持之意。之後，希特勒也進行演說，內容平穩，與其後來的對外侵略姿勢，有著天壤之別。另外，最謹慎的法國則認為，若4國條約可以成立，將有助於牽制德國，因而深感興趣。英法德義

條約於1933年7月成立。

在這之前的1933年3月，日本因不滿有關九一八事變的李頓調查報告書，及國聯以壓倒性多數通過報告書的做法，因而脫離國聯。受到這一事件影響，裁軍會議從6月開始中止。對於裁軍會議，在實質上，日本採取非合作、甚至是較此更強烈的否定態度。另一方面，促使協商、合作條約成功的英法德義4國，至少在形式上，態度則有所不同，發表聲明，期待中斷的會議能重新開始並獲得成功。這是國際社會對於這個會議展現出積極態度的最後機會。

只是僅僅4個月後的10月，德國便以與法國等相比較，德國受到不公平對待為理由，脫離國聯及普遍裁軍會議。但脫離後經過2個月，卻又發表善解人意的聲明，聲稱若各國真正實施裁軍時，德國準備採取同樣行動。隔年1月，德國與波蘭締結互不侵犯條約。這段期間，表面上希特勒一直維持與各國協調的姿勢，但卻逐步進行實現以實力來變更凡爾賽體制的準備。

在國聯方面，中南美各國較日本率先脫離聯盟一事，確實讓國聯受到相當大的衝擊，但日本與德國的脫離則是致命性的打擊。即便如此，普遍裁軍會議仍在1934年6月再度召開，形式上日本也參加，但要得出結論已是不可能。之後，國聯繼續存在，1939年，當蘇聯進攻芬蘭時，國聯也曾以違反《國際聯盟憲章》為由，做出將蘇聯除名的果斷決定。此後，國聯呈現休止狀態，1946年的最後大會中，決定解散並將資產轉移給新成立的聯合國，國聯時代終告落幕。

順道一提，國聯特別大會中，通過有關九一八事變的李頓調查報告書，松岡洋右代表因對此不服而退場抗議，其所在場地便

是與普遍裁軍會議相同的地方，國聯事務局別館的裁軍中心。第二次世界大戰後，裁軍中心與聯盟事務局的建築物一樣，長期呈現棄置狀態。1987年發生火災，裁軍中心完全消失，無論是普遍裁軍或是松岡演說，皆有如夢幻泡影。

武器交易監視條約

國聯維持和平構想的三大支柱中，以和平手段解決衝突最終得以實現，但其他兩大支柱卻失敗，但儘管如此，有關各別問題的裁軍方面，多少卻有所進展。

在武器交易規範上，1919年簽訂《聖傑曼條約（Treaty of Saint-Germain）》，禁止將武器出口到締約國以外的國家。對此條約，美國並未接受，因為美國出口大量武器到非締約國甚多的中南美國家，因而條約不利於美國。此條約也變得有名無實。

國聯依據憲章第二十三條第四項，進行武器交易的監視。就在西方各國推動與德國、蘇聯和解後不久，國聯便計畫締結新條約，以取代《聖傑曼條約》。在事前的協商中，美國表現出合作的態度，因此國聯便召開相關各國的裁軍會議。由於協商成功，1925年6月，《武器交易監視條約》成立，內容如下述。在某些方面，儘管這一條約較《聖傑曼條約》有些退步，但卻更加實際，而且美國也簽署、批准。

- 軍事作戰用的武器及彈藥僅能出口給進口國政府（意即，不能出口給民間人士及現在成為問題的恐怖分子）。
- 上述以外的軍事用或非軍事用的武器及彈藥雖然可以出口給政府以外的對象，但要在完善的監視下進行（小型武器等屬於這一品項）。

- 雖然並不禁止戰艦及飛機等的出口，但為了確保透明性，
  出口國應定期公布報告書。
- 武器交易的監視由出口國本身進行，而非國聯。
- 可以出口給非締約國。

化學、生物武器的禁止與1925年的《日內瓦公約（Geneva Protocol, 1925）》

與武器交易監視條約同一時期，禁止使用毒氣等的日內瓦公約也成立。這一公約是在國聯時代通過，即便到現在仍然有效，為少數具有實際意義的國際條約之一。

附帶一提的是，在這《日內瓦公約》成立之前，毒氣等的使用已遭到禁止。如果回溯歷史，古希臘羅馬時代，毒物的使用是受到限制的；此外，據說古代印度及撒拉森（Saracen）等，也有相同的規定（依據紅十字國際委員會的研究）。多國間條約中，1899年《海牙宣言》是最早有禁止規定的，其中禁止使用毒氣。接著，1907年《海牙公約》則禁止使用毒物及毒性武器。此外，這兩個國際協定雖然有許多國家參加（日本雖然附加保留，但最後還是批准），但這是屬於締約國間的規定，例如發生衝突時，相關國家若不是條約的締約國即不產生效力，因此在實際效果上還存在著問題。

令人遺憾的是，第一次世界大戰便是證明這些國際協定未能發揮效果的結果。在有名的西部戰線上，為了攻擊藏匿在戰壕中的敵軍，大量使用毒氣，士兵們受到殘忍傷害；而對方也使用毒氣進行報復，成為悲慘的相互殘殺。現在仍然留下許多當時的照片，栩栩如生地傳達實際的受害狀況，許多士兵失明，還有許

多人因毒氣之故，皮膚變得全黑，並且異常浮腫等。看見這些照片，有不少人應該會受到強大的衝擊。

《凡爾賽條約》只全面禁止德國製造、保有毒氣。雖然這是在對德國充滿強大敵意的狀態中所獲得的共識，但毒氣的使用為普遍性問題，在重新回復冷靜的1922年的華盛頓會議中，結論便是：《凡爾賽條約》中只課以德國的禁令，有必要將其制定為普遍性的規定。

歷經這一過程，1925年的《日內瓦公約》中確認，禁止使用毒氣應該被視為國際法上的普遍性義務，並且也達成新的共識，即生物武器也適用這一禁止規定。

許多國家都批准《日內瓦公約》，但日美兩國直到第二次世界大戰後才加以批准。諸如此類，因為有國家批准延遲，英法蘇等國便宣稱，在與不受《日內瓦公約》約束的國家間的關係上，本身也不受約束。

民間製造武器彈藥問題

《國際聯盟憲章》的裁軍計畫中，對於民間製造武器彈藥的問題也進行討論。從1926年的大會開始，這一問題便有所進展，要求將其做為國聯正式協定的聲浪增強，並擬定條約案，內容為：民間製造武器彈藥等，需取得政府的許可；需公開有關製造的訊息等。如果這一問題能有所進展，被認為可以成為前述召開普遍裁軍會議的促進材料；但在由國家製造方面是否應該加以限制，或何種武器彈藥的實際製造過程需公布等，意見則未能一致，因為有部分國家視普遍裁軍會議的進展情形才會做出因應，因此最後也未能達成共識。

參考文獻

・第1部

外務省情報文化局，《国連軍縮特別総会》（1978年）。

外務省，《第2回国連軍縮特別総会》（1983年）。

門田省三，〈第2回国連軍縮特別総会をかえりみて〉（《経済と外交》，経済外交研究会，1982年8月號，No.723）。

前田壽，《軍縮交渉史》（東京大學出版會，1968年）。

　　本書以1945年到1968年間的裁軍資料為基礎，進行詳實且整體性的分析。只是聯合國的過程及非聯合國的過程等的視點較少。

神余隆博，〈国連改革と核軍縮〉。收錄於功刀達朗編，《国連と地球市民社会の新しい地平》（東信堂，2006年）。

色摩力夫，《国際連合という神話》（PHP總合研究所，2001年）。

五百旗頭真、功刀達朗等編，《〈新しい国連〉に向けての提言》（PHP總合研究所，1996年）5頁。

　　設置「裁軍論壇」作為安理會的輔助機關，對於有關今後的裁減核武、核武不擴散、傳統武器等的裁軍計畫，以及對於裁軍會議的方針擬定等，提供建言。

・第2部

（CCW關連）

井上忠男，《戰争と救済の文明史》（PHP新書，2003年）。

Jean Pictet著，井上忠男譯《国際人道法の発展と諸原則》（日赤會館，2000年）。

藤田久一，《国際人道法　新版》（有信堂，1993年）。

大沼保昭，《国際法 初めて学ぶ人のための》（東信堂，2005年）。

功刀達朗編，《国連と地球市民社会の新しい地平》（東信堂，2006年）。

淺田正彥，〈特定通常兵器使用禁止制限条約と文民の保護（1）（2）〉。《法学論叢》第114巻第2號及第4號（1983年及1984年）。

目加田說子，《地雷なき地球へ》（岩波書店，1998年）。

安達研幾，《オタワプロセス：対人地雷禁止レジームの形成》（有信堂，2004年）。

Hunger, Roman "The Convention on Certain Conventional Weapons", *Strategic Insights*, Vol.2, (2003).

Bring, Ove "Regulating Conventional Weapons in the Future-Humanitarian Law or Arms Control?" *Journal of Peace Research*, Vol.24, No.3 (1987).

Meurant, Jacques "Inter Arma Caritas: Evolution and Nature of International Humanitarian Law", *Journal of Peace Research*, Vol.24, No.3, (1987).

Baxter, R. "Conventional Weapons Under Legal Prohibitions", *International Security*, (1977).

University of Minnesota, "Resolutions of the Diplomatic Conference of Geneva of 1974-1977", *Human Rights Library*, (1977).

ICRC, "Final Act of the UN Conference on CCW", *International Humanitarian Law*, (1980).

Nash, Marian "Contemporary Practice of the United States Relating to International Law", *American Society of International Law*, (1983).

Matheson, Michael J. "Current Developments The Revision of the Mines Protocol", *American Society of International Law*, (1977)

Kaye, David and Solomon, Steven A. "The Second Review Conference of the 1980 Convention on Certain Conventional Weapons", *The American Journal of International Law*, Vol.96, No.4, (2002).

Murphy, Sean D. "Adoption of Fifth CCW Protocol on Explosive Remnants of War", *The American Journal of International Law*, Vol.98, No.2, (2004)

Brinkert, Kerry "The Convention Banning Anti-Personnel Mines: Applying the Lessons of Ottawa's past in Order to Meet the Challenges of Ottawa's Future ", *Third World Quarterly*, Vol.24, No.5, (2003).

Sohn, Louis B., "Disarmament at the Crossroads", *International Security*, Vol.2, No.4, (1978).

・小型武器相關

堂之脇光朗，〈小型武器問題と日本の対応〉。收錄於木村汎編，《国際危機学》（世界思想社，2002年）。

堂之脇光朗，〈グローバリゼーションと安全保障〉。《国際問題》2002年10月號。

・追蹤調查相關

Human Security Gateway, *Tracking Lethal Tools-Marking and Tracing Arms and ammunition*, (2005).

Hallows, Michael, *The Vienna Firearms Protocol: A Policy Perspective*, 2004. 日內瓦論壇上所進行的報告。

Protocol on the Control of Firearms, Ammunition and Other Related Materials in the Southern Community (SADC) Region（2001年8月通過）。

Stott, Noel *Implementing the Southern African Firearms Protocal; Identifying Challenges and Priorities*, ISS Occasional Paper 83,（2003）。ISS

（Institute for Security Studies）為以南非為中心，有關撒哈拉以南非洲（Sub-Saharan Africa）的安全保障問題研究所。

・中介相關

Stop the Merchants of Death, Report on the Stopping the Merchants of Death Conference. 2006.10.2. SToD （Stop the Merchants of Death）為反對死亡商人活動的NGO組織。

Scherer, Michael and Jones, Mother. *Dealing with the Merchant of Death*, Global Policy Forum, (2004)

Wood, Brian "A World of arms pushers and fixers", The Amnesty International Dossier, Le Monde diplomatique, (2006).

Amnesty International and TransArms. *Dead on Time-arms transportation, brokering and the threat to human rights*, Amnesty International Documents.發行年份並無記載，但推測可能是2006年。

Verloy Andre. *The Merchant of Death.* The center for Public Integrity, (2002).

Oxfam, *Ammunition: the fuel of conflict*, Oxfam Briefing Note, (2006).

"Report of the Group of Experts on the problem of ammunition and explosives" A/54/155.

・民間人士持有武器相關

《讀賣新聞》（2007年11月9日）芬蘭發生的槍枝濫射事件報導。

・軍事委託民間相關

Isenberg, David, *A Fistful of Contractors: The Case for a Pragmatic Assessment of Private Military Companies in Iraq*, British American Security Information Council, (2004).

Paul, James and Nahory, Celine, War and Occupation in Iraq, Global Policy
Forum, (2007).

《朝日新聞》（2007年10月12日）〈民間軍事会社について〉，同
年9月28日，〈Blackwater社について〉。

《產經新聞》（2007年9月21日）〈傭兵について〉。

《讀賣新聞》（2007年10月4日）。

International Herald Tribune（2007年9月28日）及（10月4日）
〈Blackwater社について〉。

・國際聯盟相關

新渡戶稻造，《国際連盟の業績と現状》（新渡戶稻造全集第19
卷，教文館，1985年）。1920年9月13日及14日於布魯塞爾國際
大學所進行的演講。

信夫淳平，《国際連盟講評》（外交時報社，1920年）。

有關主要問題及機能的講評。

安富正道，《海軍軍縮の重点》（國際聯盟協會，1929年）。

華盛頓條約裁軍的經濟價值。

國際聯盟事務局編，《連盟政治の現勢》（巖松堂書店，1931年）。

對於實際情形進行詳實、綜合性的敘述。至1930年為止。

Walters,F.P., *A History of the League of Nations*, Greenwood Press, Westport,
(1986). 8百餘頁的大作。

Cruickshank. Earl, "Supplementary International Organization", *Annals of the
American Academy of Political and Social Science*, vol .175.

・民間製造武器

Carnegie, David. "The Private Manufacture of Arms, Ammunition and
    Implements of War", *International Affairs* (Royal Institute of International
    Affairs 1931-1939) Vol.10, No.4.

・《和平議定書》

Williams, John, "The Geneva Protocol of 1924 for the Pacific Settlement of
    International Disputes", *Journal of the British Institute of International
    Affairs*, Vol.3, No.6.

・《日內瓦議定書》

Wright, Quincy "The General Act for the Pacific Settlement of International
    Disputes", *The American Journal of International Law*, Vol.24, No.3,

台灣安保叢書7　PF0185

聯合國與裁軍

作　　　者／美根慶樹
譯　　　者／李啟彰
責任編輯／杜國維
圖文排版／楊家齊
封面設計／葉力安

出版策劃／獨立作家
發 行 人／宋政坤
法律顧問／毛國樑　律師
製作發行／秀威資訊科技股份有限公司
　　　　　地址：114 台北市內湖區瑞光路76巷65號1樓
　　　　　電話：+886-2-2796-3638　傳真：+886-2-2796-1377
　　　　　服務信箱：service@showwe.com.tw
展售門市／國家書店【松江門市】
　　　　　地址：104 台北市中山區松江路209號1樓
　　　　　電話：+886-2-2518-0207　傳真：+886-2-2518-0778
網路訂購／秀威網路書店：https://store.showwe.tw
　　　　　國家網路書店：https://www.govbooks.com.tw

出版日期／2017年3月　BOD一版　定價／260元

獨立 作家
Independent Author

寫自己的故事，唱自己的歌

聯合國與裁軍 / 美根慶樹著；李啟彰譯. -- 一
版. -- 臺北市：獨立作家, 2017.03
　　面；　公分. -- (台灣安保叢書；7)
BOD版
ISBN 978-986-93886-8-9(平裝)

1. 聯合國 2. 裁軍 3. 核武裁減

578.14   105024089

國家圖書館出版品預行編目

讀者回函卡

感謝您購買本書，為提升服務品質，請填妥以下資料，將讀者回函卡直接寄
回或傳真本公司，收到您的寶貴意見後，我們會收藏記錄及檢討，謝謝！
如您需要了解本公司最新出版書目、購書優惠或企劃活動，歡迎您上網查詢
或下載相關資料：http:// www.showwe.com.tw

您購買的書名：_____

出生日期：_____年_____月_____日

學歷：□高中 (含) 以下　　□大專　　□研究所 (含) 以上

職業：□製造業　□金融業　□資訊業　□軍警　□傳播業　□自由業
　　　□服務業　□公務員　□教職　　□學生　□家管　　□其它_____

購書地點：□網路書店　□實體書店　□書展　□郵購　□贈閱　□其他

您從何得知本書的消息？

　　□網路書店　□實體書店　□網路搜尋　□電子報　□書訊　□雜誌
　　□傳播媒體　□親友推薦　□網站推薦　□部落格　□其他_____

您對本書的評價：(請填代號　1.非常滿意　2.滿意　3.尚可　4.再改進)

　　封面設計____　版面編排____　內容____　文／譯筆____　價格____

讀完書後您覺得：

　　□很有收穫　□有收穫　□收穫不多　□沒收穫

對我們的建議：_____

_____

_____

_____

11466
台北市内湖區瑞光路 76 巷 65 號 1 樓
獨立作家讀者服務部　　　　收

（請沿線對折寄回，謝謝！）

姓　　名：＿＿＿＿＿＿＿＿＿　年齡：＿＿＿＿　性別：□女　□男

郵遞區號：□□□□□

地　　址：＿＿＿＿＿＿＿＿＿＿＿＿＿＿＿＿＿＿＿＿＿＿＿

聯絡電話：(日)＿＿＿＿＿＿＿＿＿　(夜)＿＿＿＿＿＿＿＿＿＿＿

E - m a i l：＿＿＿＿＿＿＿＿＿＿＿＿＿＿＿＿＿＿＿＿＿